ヘイト・スピーチと地方自治体

共犯にならないために

前田　朗

三一書房

はしがき

二〇一六年に「本邦外出身者に対する不当な差別的言動の解消に向けた取組の推進に関する法律（ヘイト・スピーチ解消法）」が制定され、日本におけるヘイト・スピーチに関する法状況が大きく変化した。

同法はヘイト・スピーチに対処する国の責務とともに、地方自治体の責務を明示したので、各地の自治体が対応を迫られることになった。

同法制定以前に、すでに大阪市は市内におけるヘイト・スピーチが重大な人権侵害を引き起こしているとして、ヘイト・スピーチ条例を制定して対処を始めていた。

同法制定時には、川崎市におけるヘイト・デモが激化していたため、大きな話題となり、まだ施行されていない段階で、同法の趣旨に適合した裁判判決が出されるなど、各地の関心が急速に高まってきた。

国立市、東京都、世田谷区、神戸市など、各地でヘイト・スピーチをも念頭に入れた人権条例の制定が相次いでいる。人権条例そのものは以前から各地の自治体において制定されていたが、ヘイト・スピーチのように外国人（本邦外出身者）やＬＧＢＴ等のマイノリティに対する人権侵害事案の表面化に応じて、新たに人権条例を制定する例が増えてきた。

ヘイト・デモやヘイト集会のために公共施設を利用する例が増えてくると、地方自治体がヘイト・スピーチを容認し、これに協力して良いのかという問題が意識されるようになった。ヘイト・スピーチの「共犯」にならないために自治体はどうすればよいのか。川崎市が先陣を切った公共施設利用に関するガイドラインの策定も各地で相次いでいる。

ヘイト・スピーチが深刻な人権侵害を引き起こしている現在、自治体における取り組みをどのように考えるべきか。憲法、地方自治法、及びヘイト・スピーチ解消法に従って、どのような施策を講じていくべきか。本書はこうした諸問題について解説した入門書である。

第一章は、二〇一九年六月に公表された川崎市人権条例素案を素材に、ヘイト・スピーチに揺れる自治体にいま何が問われているか、川崎市民がいかに努力を重ねてきたかを見ていく。

第二章は、ヘイト・スピーチとは何か。その基礎知識を解説するために、これまでの議論の中によくみられるヘイト・スピーチをめぐる誤解を7つ取り上げて説明する。

第三章は、「ヘイト・スピーチを許さない7つの根拠」として、被害の実態、民主主義との関係、日本国憲法の精神などを確認する。

第四章は、「ヘイトの共犯にならない7つの対策」として、各地で制定が続いている人権条例の内容を検討する。公表、調査、相談、教育、啓発、罰則など、ヘイト・スピーチ対策の現状を見ていく。

第五章は、公の施設利用に関するガイドラインの比較である。市民には集会の自由があるが、公の施設でヘイト集会を開催すれば、自治体がヘイト・スピーチに加担したことになってしまう。許可の可否を判断するためのガイドラインが重要である。

第六章は、ヘイト・スピーチ解消法が自治体に教育・啓発を委ねているところ、その具体的内容がいまだに不明確であるので、今後の検討のための参考資料として欧州の反差別教育の具体例を紹介する。

第七章は、ヘイト・スピーチ解消法はヘイト被害者救済を打ち出していないが、「ヘイト・スピーチは許さない」というために必須の被害者救済に関連して、欧州諸国の情報を紹介する。

〈凡例〉

一　用語について

1　差別的言動とヘイト・クライム／スピーチ――国際法でも国内法でも必ずしも用語の統一がされていない。国内法ではいわゆるヘイト・スピーチ解消法が「不当な差別的言動」と定めるが、一般にはヘイト・スピーチも用いられる。

2　人種差別禁止法とヘイト・スピーチ法――人種差別撤廃条約第二条は人種差別禁止法制定を要請し、条約第四条はヘイト・スピーチ法制定を要請している。ヘイト・スピーチ法は刑法に規定されることが多いが、人種差別禁止法の中に位置づけられる場合もある。

二　略語

主に用いる略語は例えば次のものである。その他一般に用いられる略語を用いる。

『序説』――前田朗『ヘイト・スピーチ法研究序説』
『原論』――前田朗『ヘイト・スピーチ法研究原論』
ヘイト・スピーチ解消法――本邦外出身者に対する不当な差別的言動の解消に向けた取組の推進に関する法律
人種差別撤廃条約――International Convention on Elimination of Racial Discrimination（ICERD）
人種差別撤廃委員会――Committee on Elimination of Racial Discrimination（CERD）
国際自由権規約――International Covenant on Civil and Political Rights（ICCPR）

三　資料と訳語

1　本書第六章・第七章では各国のヘイト・スピーチ法関連情報を紹介する。基本資料は人種差別撤廃委員会の英文資料である。

2　多くの国を対象とするが、各国憲法や法体系について調査を行っていないので、法律用語の訳語選定は厳密ではない。

3　地名、団体名など固有名詞の表記は必ずしも現地語によらない。

前田朗『ヘイト・スピーチと地方自治体――共犯にならないために』　もくじ

第三章　ヘイト・スピーチを許さない7つの根拠　……67

第一章

いま何が問われているか

一　川崎市民の7つの挑戦

1　はじめに

二〇一九年七月八日、川崎市は「（仮称）川崎市差別のない人権尊重のまちづくり条例（素案）」に関する意見公募（パブリックコメント）を開始した。締め切りの八月九日までに応募された意見は一万八〇〇〇件に達し、川崎市のパブコメとしては最高の数値となり、市民の関心の高さが明らかになった。

人権尊重条例制定の背景として、川崎市が、国内外から多くの人が移り住み「多文化のまち」へと発展し、外国人市民代表者会議条例、子どもの権利に関する条例、男女平等かわさき条例の制定など人権施策を実施してきたことを踏まえつつ、「しかしながら、近年、本邦外出身者に対する不当な差別的言動、いわゆる『ヘイト・スピーチ』や、インターネットを利用した人権侵害などの人権課題が顕在化してきました」という。

二〇一六年七月、福田紀彦市長が市人権施策推進協議会に対し「ヘイト・スピーチ対策」につき優先審議を依頼した。これを受けて同年一二月、同協議会が市長に対しヘイト・スピーチに関連するガイドラインを提言するとともに、「ヘイト・スピーチ対策に特化したものではなく、へイト・スピーチにつながっていく土壌に、直接対処する幅広い条例として、ヘイト・スピーチ対策も含めた多文化共生、人種差別撤廃などの『人権全般を見据えた条例』の制定を求める」提言を提出した。

さらに同年、「本邦外出身者に対する不当な差別的言動の解消に向けた取組の推進に関する法律（ヘイト・スピーチ解消法）」等の「差別解消三法」が施行され、地方公共団体にも地域の実情に応じた施策を講ずることが求められたことを確認する。

条例素案は、ヘイト・スピーチに罰則を用意したことで大きな話題となった。以下では、条例素案の概要を紹介し、ヘイト・スピーチに罰則を設ける画期的な条例素案を検討したい。

2 人権条例素案の内容

前文

条例素案前文は、川崎市が日本国憲法及び人権諸条約の理念を踏まえ、あらゆる不当な差別の解消に向けて、人間の尊厳を最優先する人権施策を、平等と多様性を尊重して実施してきたと確認する。

しかし今なお不当な差別が存在し、ヘイト・スピーチや、インターネットを利用した人権侵害などの人権課題も生じているため、市、市民及び事業者が協力して、不当な差別の解消と人権課題の解決に向けて、より一層推進していく必要があるという（図表1参照）。

目的と定義

素案総則は目的と定義を示す。

第一に目的として、①「不当な差別のない人権尊重のまちづくりに関し、市、市民及び事業者の責務を明らかにする」、②「人権に関する施策の基本となる事項と、本邦外出身者に対する不当な差別的言動の解消に向けた取組に関する事項を定める」、及び③これらにより「人権尊重のまちづくりを総合的かつ計画的に推進し、もって人権を尊重し、共に生きる社会の実現に資する」とする。

第二に定義として、「不当な差別」とは「人種、国籍、民族、信条、年齢、性別、性的指向、性自認、出身、障害その他の事由を理由とする不当な差別をいう」とする。また「本邦外出身者に対する不当な差別的言動」はヘイト・スピーチ解消法第二条の定義に従っている。

図表１　川崎市のヘイト・スピーチ関連略年表

2013年	５～１０月	ヘイトデモ（３回）
2014年	２～７月	ヘイトデモ（４回）
2015年	３～１１月	ヘイトデモ（３回）
2016年	１月	ヘイトデモ
	１月	ヘイト・スピーチを許さないかわさき市民ネットワーク結成
	３月	ヘイト街宣に際して市民を殴り４人逮捕
	３月	ヘイトデモによる人権侵犯被害申告を法務局に提出
	３月	横浜弁護士会、ヘイト・スピーチを許さない会長声明
	３月	川崎市議会、差別の撤廃に向けたまちづくりの推進決議
	３月	川崎市、国にヘイト・スピーチ対策法整備を求める要望
	４月	ヘイト・スピーチ解消法案、参議院上程
	５月	ヘイト・スピーチ解消法案、参議院で採択、同附帯決議
	５月	ヘイト・スピーチ解消法案、衆議院で採択、同附帯決議
	５月２６日	ヘイト・スピーチ解消法成立
		参議院法務委員会、ヘイト・スピーチ解消に関する決議
	５月３１日	川崎市、ヘイトデモに公園使用拒否決定
	６月　２日	横浜地裁川崎支部、ヘイトデモ中止仮処分決定
	６月　３日	神奈川県公安委員会、ヘイトデモに許可決定
	６月　５日	ヘイトデモ、カウンターの抗議により中止
	７月	川崎市長、市人権施策推進協議会にヘイト・スピーチ対策諮問
	８月	人権侵犯被害申立てにつき法務省がヘイト・スピーカーに勧告
	１２月	川崎市人権施策推進協議会、報告書「ヘイト・スピーチ対策に関する提言」提出
2017年	７月	神奈川県公安委員会、ヘイトデモに許可決定
		ヘイトデモ、カウンターの抗議により中止
	１１月	川崎市「公の施設」利用許可に関するガイドライン公表
2018年	３月	川崎市「公の施設」利用許可に関するガイドライン施行
	６月	川崎市、ヘイト団体に市教育会館使用許可、カウンターの抗議により中止
	１２月	川崎市、ヘイト団体に市教育会館使用許可（警告つき）、集会開催
2019年	２月	川崎市、ヘイト団体に市教育会館使用許可（警告つき）、集会開催
	４月	統一地方選挙において川崎市、相模原市でヘイト演説活動
	６月	川崎市、差別のない人権尊重のまちづくり条例（素案）公表、パブリックコメント募集（７～８月）

条例素案は「不当な差別のない人権尊重のまちづくりの推進」として、次の八項目を掲げる。

第一に、市の責務として「不当な差別を解消するための施策その他の人権に関する施策を総合的かつ計画的に推進する」。

第二に、市民及び事業者の責務として「市の実施する不当な差別を解消するための施策その他の人権に関する施策に協力するよう努める」。

第三に、「何人も、人種、国籍、民族、信条、年齢、性別、性的指向、性自認、出身、障害その他の事由を理由とする不当な差別的取扱いをしてはならない」とする。

第四に、人権施策推進基本計画として、「市長は、不当な差別を解消するための施策その他の人権に関する施策を総合的かつ計画的に推進するため、基本計画を策定し、基本計画には、人権に関する施策の基本理念、基本目標、基本的施策、その他人権に関する施策を推進するために必要な事項を定める」とし、「人権尊重のまちづくり推進協議会」の意見を聴くと定める。

第五に、人権教育及び人権啓発として「市は、不当な差別を解消し、人権尊重のまちづくりに対する市民及び事業者の理解を深めるため、人権教育及び人権啓発を推進する」とする。

第六に、人権侵害を受けた者に対する支援として「インターネットを利用した不当な差別その他の人権侵害を受けた者に対する相談の実施その他必要な支援に努める」と掲げる。

第七に、そのために必要な情報の収集及び調査研究を行う。

第八に、人権尊重のまちづくり推進協議会として、市長の諮問に応じ、調査審議するため、「人権尊重のまちづくり推進協議会」を置くこととする。協議会は委員一二人以内で組織し、「学識経験者、関係団体の役職員、市民のうちから市長が委嘱する」とする。委員の任期等も定める。

ヘイト・スピーチ解消に向けた取組み

条例素案は「本邦外出身者に対する不当な差別的言動の禁止」として「何人も、市の区域内の道路、公園、広場、駅その他の公共の場所において、次に該当する『本邦外出身者に対する不当な差別的言動』を行い、又は行わせてはならない」と明示する。

具体的な類型として次の三類型が示されている。
①「特定の国若しくは地域の出身である者又はその子孫（以下「特定国出身者等」という）を、本邦の域外へ退去させることをあおり、又は告知するもの」
②「特定国出身者等の生命、身体、自由、名誉又は財産に危害を加えることをあおり、又は告知するもの」

③「特定国出身者等を著しく侮蔑するもの」

さらに手段として次の四項目が例示されている。①拡声機を使用する。②看板、プラカード等を掲示する。③ビラ、パンフレット等を配布する。④多数の者が一斉に大声で連呼する。

実際の運用手続きは勧告・命令・公表の三段階である（図表2参照）。

一回目の違反があった場合、市長は「差別防止対策等審査会」の意見を聴く。そして市長は、一回目と同様の違反行為を行ってはならない旨を勧告することができる。

二回目の違反があった場合、市長は「差別防止対策等審査会」の意見を聴く。そして市長は、違反行為を行ってはならない旨を命ずることができる。

三回目の違反があった場合、市長は、公表される者にその理由を通知し、その者が意見を述べ、証拠を提示する機会を与える。そして市長は、命令に従わなかった時、氏名や、命令の内容その他規則で定める事項を公表する。

そのうえで罰則が設けられている。すなわち当該命令に違反した者は五〇万円以下の罰金である。法人等の場合には行為者を罰するほか、法人等も罰する（両罰規定）。

また市長は市が設置する公の施設において「本邦外出身者に対する不当な差別的言動」が行われるおそれがある場合における公の施設の利用許可及びその取消しの基準その他必要な事項を定める。川崎市は他に先駆けて二〇一七年一一月にガイドラインを制定した（本書第五章参照）。

インターネット対策

条例素案はインターネット表現活動に係る拡散防止措置について詳しく定め、差別防止対策等審査会の設置を明示する。

第一に、インターネット表現活動に係る拡散防止措置として、市長は、インターネット表現活動が「本邦外出身者に対する不当な差別的言動」に該当すると認める時は、インターネット表現活動に係る表現の内容の拡散を防止するために必要な措置を講ずる。

第二に、インターネット表現活動に係る公表として、市長は、上記の措置を講じた時は、「本邦外出身者に対する不当な差別的言動」に該当する旨、表現の内容の概要、拡散を防止するために講じた措置その他規則で定める事項を公表する。ただし公表することにより「『本邦外出身者に対する不当な差別的言動』の解消を図る」との趣旨を阻害すると認められる時、その他特

図表2　勧告・命令・罰則の3段階（川崎市条例素案）

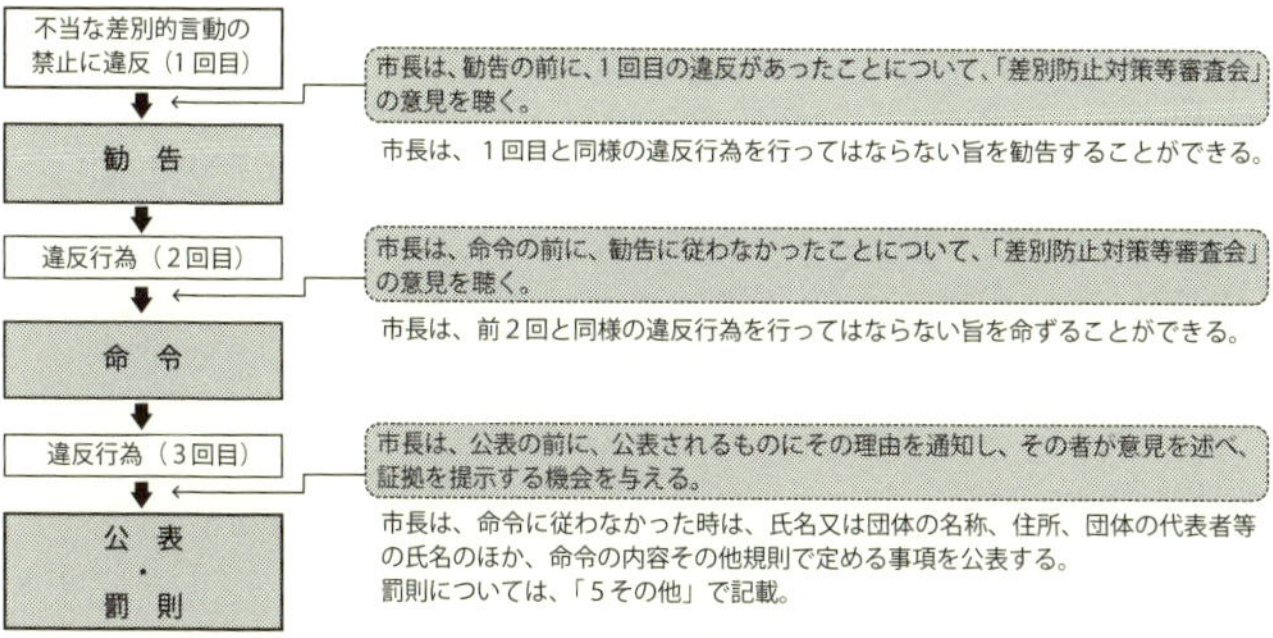

※川崎市資料より

別の理由があると認められる時は、公表しないことができる。

この措置と公表は市民等の申出又は職権により行うこととし、市長は措置や公表の前に「差別防止対策等審査会」の意見を聴く。市長は公表をするに当たっては、当該差別的言動の内容が拡散することのないよう十分に留意する。

ここで対象となるのは、第一に、市の区域内で行われたインターネット表現活動である。第二に、市の区域外で行われたインターネット表現活動（市の区域内で行われたことが明らかでないものを含む）で次のいずれかに該当するものも含まれる。
① 表現の内容が特定の市民等（市の区域内に住所を有する者、在勤する者、在学する者、その他市に関係ある者として規則で定める者をいう。以下同じ）を対象としているもの。
② 前記のインターネット表現活動以外で、市の区域内で行われた「本邦外出身者に対する不当な差別的言動」の内容を市の区域内に拡散するもの。

差別防止対策等審査会

第一に、罰則適用に至る手続きとしての勧告、命令、公表を行う場合のほか、不当な差別の解消のために必要な事項について市長の諮問に応じ調査審議するため、附属機関として「差別防止対策等審査会」を置く。審査会は委員五人以内で組織し、委員は学識経験者のうちから市長が委嘱する。

第二に、審査会は、公表と公表に係る申出を行った市民等に意見書又は資料の提出を求めること等の必要な調査を行うことができ、勧告や命令に違反したと認められる者等に対し、書面により意見を述べる機会を与えることができる。その指名する委員に前記の必要な調査を行わせることができる。

3　7つの挑戦

以上が川崎市が検討中の条例素案の概要である。

条例素案公表に至るまでの川崎市民の努力は特筆に値する。これまでの川崎市民の挑戦を七つに整理してみよう。

第一に、二〇一三年頃からヘイト団体による加害行為が始まるや、川崎市民は現地に参集してカウンター行動を展開し、ヘイト・スピーチに抗議し、警察にヘイト・スピーチ規制を求め、メディアに的確な報道を要請した。迅速且つ冷静に分厚いカウンター行動を組織した。地元メディアの奮闘も目覚ましかった。

第二に、法規定がないため警察がヘイト規制に出ることができない状態が続く中、市民が川崎市に要請を繰り返し、ヘイト・デモのための公園使用を控えさせ、裁判所によるヘイト・デモ禁止の仮処分決定を獲得してヘイト・デモの抑止を実現していった。市民の懸命の努力が市を動かし、裁判所を動かした。

第三に、国会でヘイト・スピーチ解消法案の審議が始まるや、川崎の実情を訴えて、ヘイト規制の必要性を国会議員に理解させ、解消法制定に辿り着いた。立法過程で国会議員による現地調査が行われたのは画期的であった。

第四に、川崎市人権施策推進協議会が優先事項審議の結果、「公的施設の利用に関するガイドライン」及び「制定すべき条例の検討」という提言を提出した。市民の力を支えにしての具体的提言である。川崎市ガイドラインは京都府、京都市など各地の自治体に影響を与え、ガイドラインを策定する例が続いた（本書第五章参照）。

第五に、ヘイト・スピーチ対策に限られない条例案の提示である。人権施策推進協議会の「制定すべき条例の検討」という提言に基づく。人権条例や差別禁止条例は、すでに国立市や世田谷区などの実例がある（本書第四章参照）。

第六に、人権施策推進協議会の提言には「インターネット上の対策」が含まれている。ヘイト・

デモだけではなく、インターネットを通じたヘイトの拡散が重大な人権侵害を生み出していることに照らして、インターネットの無法状態に一定の歯止めをかける必要がある。

第七に、初の罰則条項の提案である。

人種差別撤廃委員会は、日本政府にヘイト・スピーチ刑事規制を繰り返し勧告した。EU諸国はすべてヘイト・スピーチを処罰する。ヘイト・スピーチ処罰は国際常識である。

ところがヘイト・スピーチ解消法は罰則を予定していないため、条例素案は直罰規定ではなく、三段階の手順を踏むことにした。勧告、命令、その上での違反行為に対する罰則である。

先に東京弁護士会のモデル条例案づくりに取り組んだ殷勇基《インヨンギ》（弁護士）によると、国に先駆けてヘイト・スピーチを犯罪とする決断をしたことは、ヘイト・スピーチを解消し、ひいては人種差別を撤廃するという国際人権条約の要請に合致する。そして地球規模の反差別の取り組みを日本において前進させる画期的なものといえる。他方でヘイト・スピーチの解消は、表現の自由とのバランスを慎重に図りながら進める必要がある。三段階という慎重な仕組みを採用したことでバランスを図り、違憲性の問題を回避しているという（『神奈川新聞』二〇一九年六月二五日）。

「二度までのヘイトは許される」という、一見すると国際常識に反する措置であるが、自治体としては法律の範囲内で施策を講じなければならない。初めての試みを工夫したものとして注目に値する。地元の神奈川県弁護士会も刑罰不可避との声明を出して川崎市を後押ししている（本章次項参照）。

氏名公表は大阪方式であるが、確信犯にとっては「勲章」になりかねないと指摘されてきた。氏名公表の成果についての検証が必要となるだろう。

また条例素案は差別被害者救済という点で不十分であり、さらなる検討が望まれる（本書第七章参照）。

二 立ち上がった弁護士会

1 はじめに

二〇一九年六月一三日、神奈川県弁護士会（伊藤信吾会長）は、ヘイト・スピーチ規制に刑罰が不可避であるとの会長声明を発した。

同月一七日の記者会見で、千木良正《ちぎらただし》・同弁護士会人権擁護委員長は「表現の自由への配慮は必要だが、悪質なものは刑罰や行政罰を設けなければ実効性のある対応は難しい」との認識を示し、「罰則に躊躇する意見もあるが、人権擁護の観点から見過ごすことはできず、法律の専門家集団として、刑罰を置き得ると後押しがしたかった」と説明したという（『神奈川新聞』二〇一九年六月一八日）。

ヘイト・スピーチ解消法施行から三年を経たが、解消法には禁止・罰則規定がないため、四月に行われた統一地方選では、選挙運動に名を借りたヘイト・スピーチが横行した。同弁護士会川崎支部所属の本田正男弁護士は「市民や市民団体の活動では止められない現実がある。現場の生の姿から社会の動きをすくい取っていくのも弁護士会の役目」と声明の意義を強調し、「『声明に反対な人は現場へ行きヘイト・スピーチを見てほしい』という意見もあった」と明かしたという。

筆者は二〇〇九年一二月に発生した京都朝鮮学校襲撃事件の時から、刑事規制必要論を唱えてきた。ところが多数の弁護士たちから「ヘイト・スピーチといえども表現の自由である。規制しろなどというのはファシストである」と非難された。「ヘイトを擁護する者こそファシストではないか」と反論しても、口論になるだけで、それ以上の議論につながらなかった。しかし一〇年の間に議論状況が大きく変化した。反差別、反ヘイトに取り組む弁護士たちはヘイト・スピーチ規制を求めてきたが、弁護士会として刑事規制を積極的に認めたのは全国で初めてのことであろう。

2　弁護士会会長声明

六月一三日の神奈川県弁護士会「川崎市・相模原市に対して、ヘイト・スピーチ対策として実効性のある条例の制定を支持する会長声明」を見ていこう。

事実経過

声明はまず事実経過を確認する。二〇一七年二月、福田紀彦川崎市長が川崎市議会において、人権を幅広く守る条例の制定に向けた調査に着手したことを受け、同弁護士会は条例制定の動きを全面的に支持し、条例中に人種差別を禁止し多文化共生を推進する包括的な内容を盛り込むよう強く求める会長声明を発した。

続いて同年一一月、川崎市は「本邦外出身者に対する不当な差別的言動の解消に向けた取組の推進に関する法律に基づく『公の施設』利用許可に関するガイドライン」を策定・公表し、翌一八年三月三一日からこのガイドラインを施行・運用している。

ところが特定の国籍の外国人などを排斥し、差別を助長するヘイト・スピーチなど、外国人の人権問題について憂慮すべき状況は改善されていない。とりわけインターネット上のヘイト・

スピーチ被害は拡大増殖を続けている。そこで二〇一八年一月、同弁護士会はインターネット上のヘイト・スピーチに対して、「インターネット上のヘイト・スピーチによる人権侵害に対して警鐘を鳴らすとともに、その是正に向け関係者の取り組みを求める会長談話」を発し、条例を早急に制定するよう求めた。

刑事規制の必要性

同弁護士会は以上の経過を踏まえて次のように述べる。

「そうしたところ、川崎市は、本年三月あらゆる差別を包括的に禁止する条例の骨子案を作成公表したが、他方、同じ時期に行われた統一地方選挙においては、選挙運動に名を借りた確信犯的なヘイト・スピーチが繰り返されたと報道されており、実効性を持った条例の制定がなければ、これを食い止めることのできないことはもはや厳然たる事実になったともいえる。」

すなわち第一に、川崎市条例案が公表された。第二に、統一地方選において選挙運動を口実としたヘイト・スピーチが繰り返された。それゆえ第三に、実効的な条例でなければ対処として不十分である。以上のことが確認された。同弁護士会は次のように続ける。

「上記骨子案においては、『何人も、不当な差別を禁止』することを謳い、『差別的言動の解消に向けた取組の推進』の項目の中に『実効性の確保を図るための施策』として、①『本邦外出身者に対する不当な差別的言動の禁止に係る施策』と、②市としてネット上の監視や削除要請などを行うことを念頭においたと考えられる『インターネットを利用する方法による表現活動に係る施策』という具体的な二項目を掲げているが、上記のような被害の実態に照らせば、本条例において、この二項目の実効性を持たせる方策を検討することは重要であり、特に、①の点で、本条例にヘイト・スピーチ禁止に向けた真の実効性を持たせるためには、諸外国の立法例にあるように、一定の制裁、具体的には、氏名又は名称の公表、当該行為者との間で、市の業務の委託、提携などを行わないなどの措置のほか、表現の自由には十分に配慮しつつ、特に悪質なものについては刑罰や行政罰を条例自体において整備することが不可避であると考えられる。」

すなわち第一に、求められる施策は不当な差別的言動の禁止と、インターネット上の表現活動に関する施策であること。第二に、条例において実効性のある施策を明示するべきであること。第三に、各種の対策とともに、特に悪質なものについては刑罰や行政罰を整備するべきこと。以上のことを指摘している。同弁護士会はこれに続けて次のように指摘する。

「この点、同じように統一地方選挙において一部の立候補者と支援者が開いた街頭演説の場で、特定の人種や民族への差別をあおる言葉が公然と叫ばれたとされる相模原市においても、同市の本村賢太郎市長が四月の就任会見で、ヘイト・スピーチを規制する条例づくりに前向きな意向を表明した。」

川崎市だけでなく、相模原市においてもヘイト・スピーチが繰り返されたため、相模原市長がヘイト・スピーチ条例制定の意向を表明した。

最後に同弁護士会は「相模原市の姿勢についても、川崎市同様これを強く支持すると共に、両市が制定を目指す条例において、表現行為につき可能な限り制限的抑制的でないことは当然ではあるものの、実質的違法性の強い事象に対象を限定し、かつ、適用範囲を明確にするなどの一定の配慮をしつつ、上記のように、実効性を持った条例制定がなされることを求める」と再確認する。同弁護士会はこの声明を川崎市及び相模原市に送付した。

なお統一地方選挙におけるヘイト・スピーチについては、二〇一九年六月一二日、NHKの「おはよう日本――ヘイト・スピーチ解消法施行から三年」がこれを取り上げて、対策の必要性を指摘した。筆者は同番組で、選挙活動におけるヘイト・スピーチについての判断基準を策定する必要があるとコメントした。統一地方選挙を前に法務省が明言したように、選挙期間中であってもヘイト・スピーチは許されない。選挙演説は重要な政治的表現であるが、差別と排外主義のヘイト・スピーチは論外である。

3　実効的な対策を

六月一九日、福田川崎市長は「憲法が保障する『表現の自由』に留意しつつ、罰則規定である行政刑罰に関する規定を設ける」と述べ、条例の実効性の確保に向け、罰則規定を盛り込む方針を明らかにした。「川崎市では、ヘイト・スピーチと呼ばれる差別的な言動など人種や国籍、障害や性的指向などを理由としたあらゆる差別を禁止するための条例の制定を目指しています」（『神奈川新聞』二〇一九年六月一九日）。

師岡康子（弁護士）は次のように語る。

「川崎市が国に先駆けて刑事罰を導入しヘイト・スピーチを犯罪とする決断をしたことは、国際人権諸条約の要請にも合致し、日本における反差別の取り組みを大きく前進させる画期的なものだ。」

「表現の自由も無制限ではなく、ヘイト・スピーチが許されないことは解消法前文で規定している。過度の規制や乱用を防止するため、重大な場合に限定し、具体的で明確な要件で適正な手続きを保障すれば、違憲性を回避できるはずだ」（『神奈川新聞』同前）。

人種差別撤廃委員会からの度重なる勧告にもかかわらず、日本政府は人種差別禁止法の制定もヘイト・スピーチ処罰も必要ないとしている。理念法としての解消法しか制定していない。

しかし解消法は「ヘイト・スピーチは許されない」としているのだから、実際にヘイトを許さないために刑罰が必須不可欠であろう。ヘイト・スピーチ処罰は国際人権法の要請であり、いまや国際常識である。日本国憲法に従ってヘイト規制を進めるべきではないだろうか。地方自治体の条例において、規制すべきヘイト・スピーチの範囲を明示し、判断基準の明確化に向けて努力することは極めて重要である。

三　本書の課題

一九九五年に日本政府が批准した人種差別撤廃条約は政府及び地方自治体に差別撤廃を要請している。差別撤廃は中央政府だけでなく地方政府の責務である。

ヘイト・スピーチ解消法第四条は「国及び地方公共団体の責務」として次のように規定する。

ヘイト・スピーチ解消法第四条　国は、本邦外出身者に対する不当な差別的言動の解消に向けた取組に関する施策を実施するとともに、地方公共団体が実施する、本邦外出身者に対する不当な差別的言動の解消に向けた取組に関する施策を推進するために、必要な助言、その他の措置を講ずる責務を有する。

２　地方公共団体は、本邦外出身者に対する不当な差別的言動の解消に向けた取組に関し、国との適切な役割分担を踏まえて、当該地域の実情に応じた施策を講ずるよう努めるものとする。

地方自治体はヘイト・スピーチ解消のため、当該地域の実情に応じた施策を講ずる必要がある。そのために各地の自治体で人権条例や差別禁止条例などの条例制定や、ヘイト集会への公共施設利用に関するガイドライン策定が続いている。

それではヘイト・スピーチ解消のため自治体には何ができるのだろうか。何をするべきなのだろうか。それぞれの自治体の状況に応じて、各自治体で検討しなければならない。

本書では、差別防止とヘイト・スピーチ解消のために自治体がいかに取り組むべきかを、日本国憲法、地方自治法、及びヘイト・スピーチ解消法に照らし、人種差別撤廃条約も加味し、先行する自治体の創意工夫に学びながら、検討していく。

〈参考文献〉

川崎におけるヘイト・デモの実態と、これに対する市民のカウンターについては次の二冊が詳しい。

＊神奈川新聞「時代の正体」取材班編『ヘイト・デモをとめた街――川崎・桜本の人びと』（現代思潮社、二〇一六年）

＊ヘイト・スピーチを許さないかわさき市民ネットワーク編『根絶！ ヘイトとの闘い――共生の街・川崎から』（緑風出版、二〇一七年）

第二章

ヘイト・スピーチをめぐる7つの誤解

一　ヘイト・スピーチは汚い言葉か

ヘイト・スピーチという言葉が日本で流行語となったのは二〇一三年であった。二〇一二年から一三年にかけて、新大久保（東京都新宿区）における通称コリアンタウンに対して、ヘイト集団が過激なデモを繰り返し、朝鮮・韓国人に対する差別と排除の宣伝を行ったことを報じた新聞記事がヘイト・スピーチという言葉を使った。それ以前から二〇〇九年の蕨市事件（フィリピン人排斥運動）や京都朝鮮学校襲撃事件、翌年の徳島県教組襲撃事件等を通じてヘイト・デモやヘイト集会が話題となってきたが、新大久保におけるヘイト集団とカウンター勢力の衝突がさらに大きな話題となった。

この時期、報道や評論の中では、ヘイト・スピーチを「汚い言葉」「悪口」「激しい言葉」「喧嘩言葉」であると誤解した解説が目立った。

なるほどヘイト・スピーチは「汚い言葉」であることが多い。京都朝鮮学校襲撃事件では例えば次のような罵声が浴びせられた。

「〇〇学校、こんなもんは学校でない」「北朝鮮のスパイ養成機関、〇〇学校を日本から叩き出せ」「戦争中、男手がいないところ、女の人レイプして虐殺して奪ったのがこの土地」「ろくでなしの〇〇学校を日本から叩き出せ。なめとったらあかんぞ。叩き出せ」「日本から出て行け。何が子供じゃ、こんなもん、お前、スパイの子供やないか」「約束というものは人間同士がするものなんですよ。人間と○○人では約束は成立しません」

徳島県教組襲撃事件では次のような罵声が浴びせられた。

「日教組の正体、反日教育で日本の子供たちから自尊心を奪い、異常な性教育で日本の子供たちを蝕む変態集団、それが日教組」「詐欺罪じゃ」「○○の犬」「売国奴読め、売国奴」「かわいそうな子供助けよう言うて金集めてね、○○に一五〇〇万送っとんねん」「非国民」「死刑や、死刑」「腹切れ、お前、こら」「腹切れ、国賊」

新大久保ヘイト・デモでは次のようなプラカードが掲げられた。

「○○国人を殺せ」「ゴキブリ○○人を追い出せ」「良い○○人も悪い○○人も死ね」

このため、「ヘイト・スピーチは汚い言葉だから聞きたくないが、表現の自由だから止められない」といった意見が語られた。

しかしヘイト・スピーチは単に汚い言葉ではない。「差別的意識を助長し、又は誘発する目的」でなされる「本邦外出身者を、地域社会から排除することを煽動する不当な差別的言動」である。ヘイト・スピーチの本質部分は差別であり、差別、暴力、排除、その扇動が要点である。

ヘイト・スピーチの国際的な共通定義があるわけではないが、もっとも多く引用されるのは一九六五年の人種差別撤廃条約第四条、及び一九六六年の国際自由権規約第一九条である。人種差別撤廃条約第四条(a)は次のように述べる。

人種差別撤廃条約第四条(a) 人種的優越又は憎悪に基づく思想のあらゆる流布、人種差別の扇動、いかなる人種若しくは皮膚の色若しくは種族的出身を異にする人の集団に対するものであるかを問わずすべての暴力行為又はその行為の扇動及び人種主義に基づく活動に対する資金援助を含むいかなる援助の提供も、法律で処罰すべき犯罪であることを宣言すること。

ここでは、①人種憎悪思想の流布、②人種差別の扇動、③人種的暴力行為、④暴力行為の扇動、⑤人種主義活動の援助が掲げられている。

国際自由権規約第二〇条二項は次のとおりである。

国際自由権規約第二〇条 2 差別、敵意又は暴力の扇動となる国民的、人種的又は宗教的憎悪の唱道は、法律で禁止する。

ここでは、①差別、敵意又は暴力の扇動、②国民的、人種的又は宗教的憎悪の唱道が掲げられている。ヘイト・スピーチは汚い言葉であるが、汚い言葉がヘイト・スピーチではない。人種主義や人種差別に基づく、差別や暴力、その扇動がヘイト・スピーチである。
二〇一六年に「ヘイト・スピーチ解消法」が制定された。ヘイト・スピーチ解消法は次のような定義を掲げた。

ヘイト・スピーチ解消法第一条　この法律において「本邦外出身者に対する不当な差別的言動」とは、専ら本邦の域外にある国、若しくは、地域の出身である者、又はその子孫であって適法に居住するものに対する差別的意識を助長し、又は誘発する目的で、公然とその生命、身体、自由、名誉若しくは財産に危害を加える旨を告知し、又は本邦外出身者を著しく侮蔑するなど、本邦の域外にある国又は地域の出身であることを理由として、本邦外出身者を、地域社会から排除することを煽動する不当な差別的言動をいう。

この定義は、
① 被害者（攻撃対象）を「専ら本邦の域外にある国、若しくは、地域の出身である者、又はその子孫であって適法に居住するもの」とし、
② 目的を「差別的意識を助長し、又は誘発する目的」とし、
③ 実行行為の例示（1）を「公然とその生命、身体、自由、名誉若しくは財産に危害を加え

る旨を告知し」とし、
①　実行行為の例示（2）を「本邦外出身者を著しく侮蔑する」とした上で、
②　動機・理由を「本邦の域外にある国又は地域の出身であることを理由として」とし、
③　実行行為を「本邦外出身者を、地域社会から排除することを煽動する不当な差別的言動」としている。

やや複雑な条文のため、立法関与者の解説や、研究者の論文においても、この条文はわかりにくく、混乱を招く恐れがあるのではないかと指摘されていた。この点は今後の解釈・適用を通じて、より明確にされていくものと思われる。

二　ヘイト・スピーチは言論か

1　ヘイト・スピーチは「言論」とだけ言えるか

ヘイト・スピーチが激化し、その規制の可否が議論されるようになった時、真っ先に唱えられたのが「ヘイト・スピーチ＝言論」説であった。「ヘイト・スピーチは言論だから、表現の自由を守る意味から、ヘイト・スピーチの規制には慎重であるべきだ」という見解である。ここでは「ヘイト・スピーチ＝言論」という等式が当たり前のこととされている。

他方、「ヘイト・スピーチは問題だが、これを規制すると、ヘイト・スピーチではない言論まで規制したり、萎縮させることになりかねないから、規制には慎重であるべきだ」という見解も有力である。「ヘイト・スピーチ＝言論」と断定しているわけではないが、「ヘイト・スピーチ規制＝言論規制」というイメージを前提としている。

確かにヘイト・スピーチという言葉は、「スピーチ」であるから直訳すれば「憎悪言論」となり、ヘイト・スピーチは言論と切り離すことができない。

しかし、ヘイト・スピーチを単純に言論とだけ見るべきではない。すでに見たように、ヘイト・スピーチの要点は差別、暴力、排除、その扇動である。差別と暴力の繋がりに着眼した言葉として用いられてきた。

もともとヘイト・スピーチという言葉が英米で用いられるようになった際、この言葉はヘイト・クライムと密接な関係を持つ言葉として登場した。

諸外国のヘイト・スピーチ規制法を見ても、刑法に規定している例と、ヘイト・クライム法に規定している例が見られる。英米の研究書を見ても、ヘイト・クライムという標題の本の中身がヘイト・スピーチの話だけであることは珍しくない。

ヘイト・クライムとヘイト・スピーチは、いずれもヘイトを共通要素として持つ。ヘイト・クライムはヘイト動機に基づいて暴力犯罪が行われる側面に着目している。ヘイト・スピーチはヘイト動機に基づいてスピーチが利用される側面に着目している。両者は重なり合う概念である。同じ事件であっても、暴力的側面に着目すればヘイト・クライムと呼ばれ、スピーチが用いられた点に着目すればヘイト・スピーチと呼ばれる（図表3参照）。多くの国では図表3におけるＢの理解が採用されている。

2　セクシュアル・ハラスメントとの比較

図表3　ヘイト・クライムとヘイト・スピーチの関係

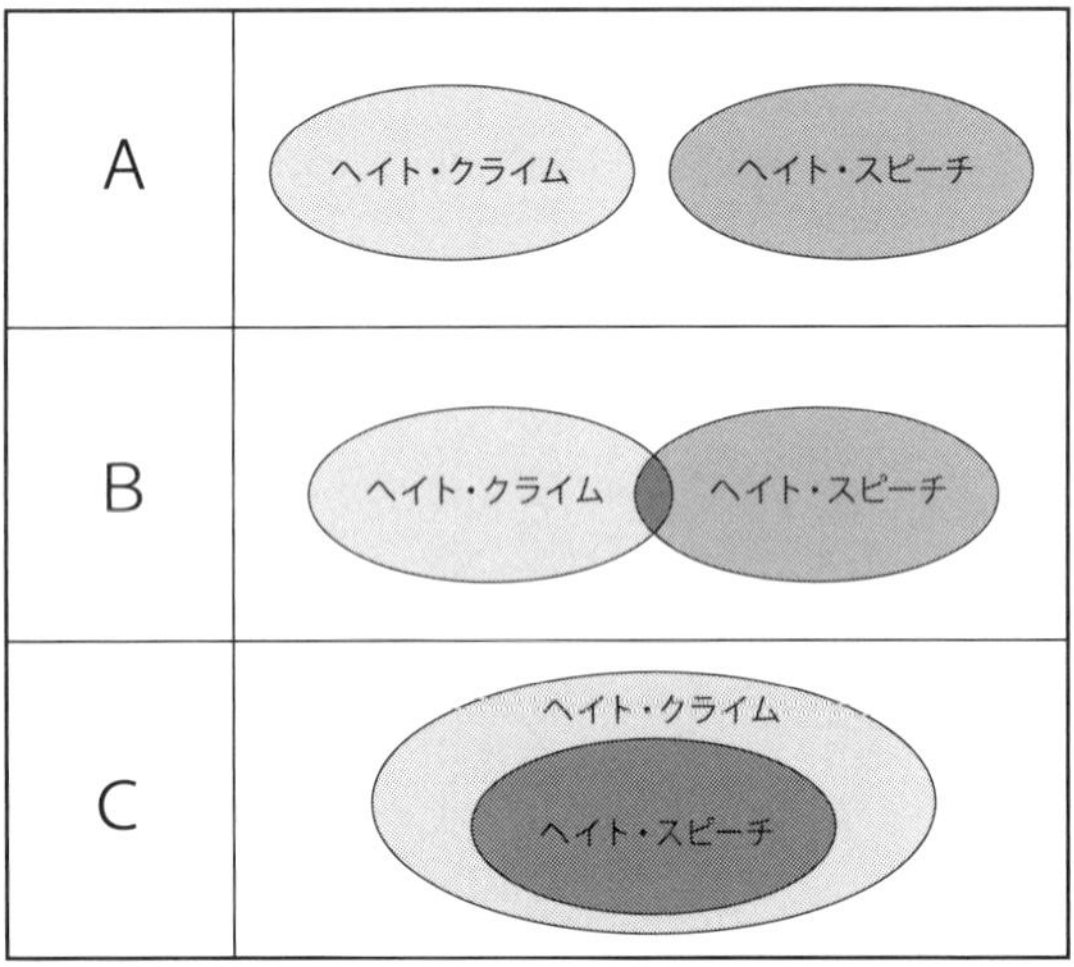

差別、暴力、排除、その扇動に着目してヘイト・スピーチを理解するには、セクシュアル・ハラスメントとの比較が便利であろう。

「雇用の分野における男女の均等な機会及び待遇の確保等に関する法律（男女雇用機会均等法）」第一一条は次のように定める。

男女雇用機会均等法第一一条　事業主は、職場において行われる性的な言動に対するその雇用する労働者の対応により当該労働者がその労働条件につき不利益を受け、又は当該性的な言動により当該労働者の就業環境が害されることのないよう、当該労働者からの相談に応じ、適切に対応するために必要な体制の整備その他の雇用管理上必要な措置を講じなければならない。

「職場において行われる性的な言動」とはセクシュアル・ハラスメントのことである。「言動」とあるので言葉と行動の両方を含むが、言葉だけでもセクシュアル・ハラスメントが成立する場合があることは言うまでもない。

言葉によるセクシュアル・ハラスメントは、①対価型（代償型）と、②環境型に分類される。

対価型は「その雇用する労働者の対応により当該労働者がその労働条件につき不利益」を受

ける場合であり、環境型は「当該性的な言動により当該労働者の就業環境が害される」場合である。

いずれにせよ、言葉によってセクシュアル・ハラスメントが行われる場合があるため、法律は事業主に「適切に対応するために必要な体制の整備その他の雇用管理上必要な措置を講じなければならない」義務を負わせている。

言葉であり、言論であるから何でも自由ということはない。激しい言葉や厳しい言葉が重大な被害を生じる。また何気ない言葉のつもりであっても、相手に重大な人権侵害を引き起こすことがあり得る。

なお日本ではセクシュアル・ハラスメントは犯罪とはされていないが、民法上の不法行為である。欧米諸国では一定のセクシュアル・ハラスメントを犯罪化している。

セクシュアル・ハラスメント裁判を通じて明らかにされてきたように、言葉だけのセクシュアル・ハラスメントによって、被害者は胃潰瘍になったり、精神的に追い詰められることが少なくない。被害者が病気になり、通院・治療を余儀なくされる。セクシュアル・ハラスメントの暴力性を的確に認識する必要がある。

3　暴行によらない傷害

ヘイト・スピーチは言論であると強調する論者が念頭に置いているのは、「単なる言葉だから被害を生じない」という理解であることが多い。セクシュアル・ハラスメントを訴えられた被告が「単なる言葉じゃないか」「冗談のつもりだった」と弁解するのも、被害を否定する趣旨である。しかし、言葉によるハラスメントによって、被害者は胃潰瘍になり、精神的に追い詰められることになる。病気になり、通院・治療を余儀なくされることがある。

殴ったり、ナイフで刺したり、毒を飲ませたわけではない。直接的な目に見える暴行を行っていないにもかかわらず、被害者が病気になるのは、ハラスメントが持つ暴力性のためである。

傷害罪（刑法第二〇四条）は「人の身体を傷害した者は、一五年以下の懲役又は五〇万円以下の罰金に処する」とする。通常、傷害は暴行の結果として生じるが、刑法上は手段・方法が特定されていないため、必ずしも暴行を必要としない。執拗な脅迫電話その他の嫌がらせによってノイローゼ等に至った場合、暴行によらない傷害が成立することがある。子どもに対するネグレクトにより必要な食事を与えなかったために健康状態が悪化した場合も同様である。隣家に対してラジオや時計のアラームを大音量で鳴らし続けて精神的ストレスにより病気に追い込んだ例や、病気治療と称して身体接触によって性病を感染させたことを傷害罪とした判例もある（『序説』

三一五頁）。

最高裁判例を一つだけ紹介しておこう。

二〇〇五（平成一七）年三月二九日最高裁決定は「被告人は、自宅の中で隣家に最も近い位置にある台所の隣家に面した窓の一部を開け、窓際及びその付近にラジオ及び複数の目覚まし時計を置き、約一年半の間にわたり、隣家の被害者らに向けて、精神的ストレスによる障害を生じさせるかもしれないことを認識しながら、連日朝から深夜ないし翌未明まで、上記ラジオの音声及び目覚まし時計のアラーム音を大音量で鳴らし続けるなどして、同人に精神的ストレスを与え、よって、同人に全治不詳の慢性頭痛症、睡眠障害、耳鳴り症の傷害を負わせたというのである。以上のような事実関係の下において、被告人の行為が傷害罪の実行行為に当たるとして、同罪の成立を認めた原判断は正当である」と判示した。

4 メッセージ犯罪

ヘイト・クライム／スピーチにはメッセージ犯罪としての特徴がある。

ヘイト・クライム／スピーチは、直接の標的とされた被害者だけでなく、広範囲にわたって「被害」を生む。攻撃された被害者だけではなく、遺家族、友人知人、近隣住民、施設関係者はもとより、被害者と同じ属性を有する全国の人々が、怒りに震えるとともに、得体のしれない衝撃に慄くことになる。

それはヘイト・クライムがメッセージ犯罪だからである。カリフォルニア・ルーテル大学のヘレン・アン・リン教授の論文「直接被害を越えて——ヘイト・クライムをメッセージ犯罪として理解する」は「ヘイト・クライム／スピーチは、被害者及びそのコミュニティを脅迫するためのメッセージ犯罪である。ある集団に属しているが故に被害者に向けられる象徴的犯罪である。……ヘイト・クライムが処罰されるべきなのは、単なる身体的行為を超えて心理的感情的影響を有するからである。刑罰がより重くなるべきなのは、人種的不寛容の歴史に基づいて被害者が特に傷つきやすく、身体的被害をずっと超えた被害を受けているからである。例えばアフリカ系アメリカ人の芝生で十字架を燃やす行為は、歴史的文脈から言ってエスカレートした暴力による明白な脅迫であって、単なる放火ではない」と言う（『序説』二八〇頁）。

他者の存在と尊厳を否定し、社会から排除し、生命を奪う激烈な差別犯罪であり、さらなる犯罪を呼びかける性格を有する。このため欧米諸国ではヘイト・クライムの刑罰を加重している。日本ではヘイト・クライムは刑罰加重事由とされず、ヘイト・スピーチは犯罪とされていない。ヘイト・スピーチ解消法はヘイト・スピーチを犯罪としていない。ヘイトのメッセージ性を的確に理解するべきである。

三　ヘイト・クライムは起きていないか

一部では「日本ではヘイト・クライムは起きていない」との主張がなされることがある。ヘイト・スピーチが流行語となって以後「ヘイト・スピーチは問題だが、まだ言葉によるものであって、暴力的なヘイト・クライムは日本では起きていない」という発言がメディアで繰り返された。

この発言はアメリカの銃乱射事件を念頭に置いている。アメリカでは性的マイノリティに対するヘイト動機による殺人・傷害などのヘイト・クライムが深刻な状況となっている。このためヘイト・クライムを厳しく取り締まるが、主に言葉によるヘイト・スピーチは、表現の自由との兼ね合いから、法的規制になじまないとされてきた。

日本でもヘイト・クライムとヘイト・スピーチを別物として区別した上で、アメリカのようなヘイト・クライムは起きていないから、論じるべきはヘイト・スピーチであるとされる。

しかし、ここには誤解がある。

第一に、欧州諸国での議論を見れば、ヘイト・クライムとヘイト・スピーチは互換的に用いられる言葉である。両者はしばしば重なり合うし、「インターネット上のヘイト・クライム」という用法が一般的である。

第二に、なるほどアメリカのような銃乱射事件は日本では極めて稀である。これは日本がアメリカのような銃社会ではないことを意味しているのであって、日本においてヘイト・クライムが起きていないことを意味しない。

最近、新大久保や川崎市におけるヘイト・デモ以外に、日本で話題となったヘイト・クライム／スピーチ事件の代表例には次のようなものがある。

1　京都朝鮮学校襲撃事件

二〇〇九年一二月四日以来三回にわたって「在日特権を許さない市民の会（以下「在特会」）」チーム関西に所属する活動家らが、京都朝鮮第一初級学校による勧進橋児童公園の不正占拠に抗議するとして、同校校門前で抗議街宣活動を行った事件。刑事裁判では、威力業務妨害罪、器物損壊罪、侮辱罪等につき執行猶予付の有罪が確定した。民事裁判では、抗議活動は人種差別目的でなされたもので、公益を図る目的ということはできないとして、この種の事案では異例と言える一二〇〇万円という高額の損害賠償命令が確定した（中村一成『ルポ 京都朝鮮学校襲撃事件』）。

2 徳島県教組襲撃事件

二〇一〇年四月一四日、在特会チーム関西に所属する活動家らが、徳島県教職員組合による四国朝鮮初中級学校への寄付に抗議するとして組合事務所に乱入し、抗議活動を行い、威力業務妨害罪などに問われた事件。刑事裁判では威力業務妨害罪などの有罪判決が確定し、民事裁判では人種差別目的の行動であったとして損害賠償命令が確定した（冨田真由美『あきらめない。』）。

3 水平社博物館事件

二〇一一年一月二二日、在特会副会長だった活動家男性が水平社博物館の歴史認識に抗議するとして同館前で部落差別的な内容を含んだ街宣を行い、不法行為責任を問われた事件。水平社博物館側が提訴した民事裁判では、部落差別的言動が水平社博物館に対する名誉毀損にあたるとして、一五〇〇万円の損害賠償命令が確定した。動画がアップロードされていたが、YouTube は判決確定後に水平社博物館からの申し入れを受けて動画を視聴不可とする措置をとった（古川雅朗「水平社博物館差別街宣事件」前田朗編『なぜ、いまヘイト・スピーチなのか』）。

4　李信恵・反ヘイト裁判

反ヘイト裁判は二つある。一つは、在日朝鮮人のフリーライターである李信恵《リシネ》（原告）が、在特会及び同会元会長の桜井誠を相手に損害賠償支払いを求めた名誉毀損裁判である。もう一つは、同じく李信恵が「保守速報」を相手に損害賠償支払を求めた。例えば被告らは「天下の李信恵さんがですね､立てば大根､座ればどてかぼちゃ､歩く姿はドクダミ草」「馬鹿か､お前らってね」､「鮮人記者」などと揶揄し、李信恵がジャーナリストとして書いた記事を「誤報」と決めつけるなどした書き込みを繰り返した。両裁判とも、判決は名誉毀損の成立を認め、被告らに損害賠償を命じた（確定）。本件は個人被害者に対する名誉毀損事件という形のヘイト・スピーチである（李信恵・

上瀧浩子『#黙らない女たち』）。

5　辺野古「土人」発言

二〇一六年一〇月十八日、沖縄・高江における大阪府警機動隊員による「土人」発言は、琉球に対する構造的差別とレイシズムを浮き彫りにした。これは直接被害者に対する侮辱罪に当たり、沖縄の人々全体に対するヘイト・スピーチに当たる可能性がある。とりわけ松井一郎大阪府知事や鶴保庸介沖縄担当大臣の発言は差別を擁護、助長する疑いが高く事態は深刻である。

6　相模原やまゆり園事件

二〇一六年七月二六日、相模原市の知的障害者福祉施設やまゆり園で、施設内の障害者に対する凶悪犯罪が発生し、一九人が死亡、二六人が重傷を負うという前例のない被害が生じた。逮捕された被疑者は「障害者なんていなくなってしまえ」などと、生きるに値する命と生きるに値しない命を区分けする差別思想を繰り返し発している。二〇一七年二月、殺人罪、殺人未遂罪、逮捕・監禁罪、逮捕・監禁致傷罪等につき起訴がなされたが、裁判は長期化している。

筆者は津久井やまゆり園事件について次のことを強調した。①事件が、他者の存在と尊厳を否定するヘイト・クライムであること。②同時にメッセージ犯罪という性格を持ち、直接の被害者だけでなく社会全体に深刻なダメージを与えること。③首相をはじめ、然るべき地位にある者が、被害者及び被害にさらされやすい人々を励まし、支えるカウンター・メッセージを繰り返し発する必要があること（『毎日新聞』一六年七月二七日、『東京新聞』九月四日、『サンデー毎日』八月二八日号、『マスコミ市民』九月号など）。

7　朝鮮総連銃撃事件

二〇一八年二月二三日未明、在日本朝鮮人総連合会中央本部（以下「朝鮮総連」）を二名の「右翼活動家」が銃撃した。数発の銃弾が撃ち込まれ、その中には門扉を貫通したものもあったという。門扉の近くには警備室が置かれ、警備員が宿直をしていた。死傷者が出なかったのは不幸中の幸いであった。人権NGO等の情報によると、被疑者の一名は大阪・鶴橋における「鶴橋大虐殺発言」で有名となった女子中学生の父親であり、関西ではよく知られたヘイト・スピーカーであるという。朝鮮総連銃撃事件は建物に銃弾が撃ち込まれ、人身被害はなかったとは言え、あきらかにテロ行為である。同年一〇月、東京地裁は、二人の被疑者に銃刀法違反などで、それぞれ懲役八年及び懲役七年を言い渡した。

以上のように、日本ではヘイト・クライムとヘイト・スピーチのいずれも発生している。両者は別物ではなく、ヘイト・スピーチがヘイト・クライムに発展する場合があるとみるべきである（図表4参照）。差別を放置しておくと暴力事件につながる危険がある。

日本におけるヘイト・クライム／スピーチの被害者は主に次のような人々である。

① 先住民族（アイヌ民族、琉球民族等）。
② 植民地支配に起因して在住するようになった人々（朝鮮人、中国人）。

図表4　ヘイトのピラミッド

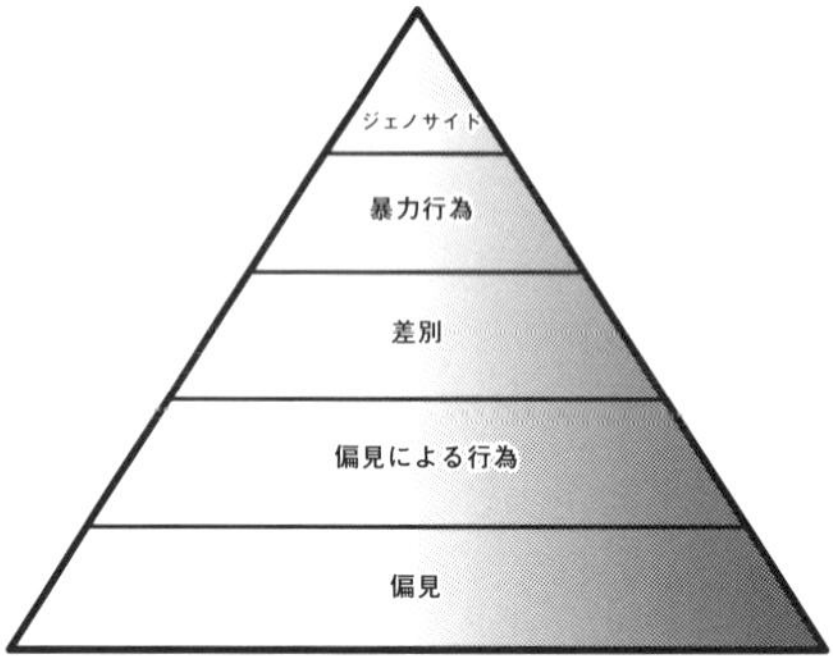

※B.Levin, Hate Crimes 1. Praeger Perspectives. 2009.

③　来日外国人（移住者、難民、難民申請者等）。
④　被差別部落出身者。
⑤　性的マイノリティ（ＬＧＢＴ、ＧＩＤ等）。

こうした動機・原因でヘイトが向けられるという点では、国際社会におけるヘイトと共通の現象と言える。

欧米諸国においても先住民族、旧植民地出身者、難民、ロマ（シンティ、ジプシー）、女性、性的マイノリティが人種、民族、宗教、言語の差異等に基づいて差別され、ヘイト被害を受ける。

とりわけ二一世紀においては、グローバリゼーションの一側面としての大量の人口移動が、政治的経済的社会的摩擦を惹起してきた。原因が結果となり結果が原因となって、テロ、内戦、民族紛争、宗教紛争、難民が噴出する時代を私たちは生きている（木村朗・前田朗編『21世紀のグローバル・ファシズム』耕文社）。

四　ヘイト・スピーチは最近始まったか

右に見たようにヘイト・クライム／スピーチ現象が目立ち、対処の必要性をめぐって議論がなされてきた。ただヘイト・クライム／スピーチが最近起きるようになったというのは誤解である。

例えば一九六三年五月二日、渋谷駅近辺で東京朝鮮高級学校生徒五人が二五名ほどの日本人高校生に「お前ら朝高生か」と、とり囲まれ集団暴行を受けた。一名は全治一カ月の大腿部刺創、一名は鼓膜を破られた。同年一一月三日、神奈川朝鮮高級学校生徒が、日本人高校生によってエアライフル銃床で殴られ頭蓋骨骨折により死亡した。

一九六六年二月二三日、新宿や品川で朝鮮高級学校生徒四名が日本人高校生三〜四〇名からビール瓶や角材で集団暴行を受け負傷した。同年四月一四日、代々木駅付近で朝鮮高級学校生徒二名が日本人高校生十数名により角材等で暴行を受けた。

一九七三年六月一一日、新宿駅で朝鮮学校生徒一六名が日本人高校生二一〜三〇名により木刀、角材、ぬんちゃく等により暴行を受け一名が重傷を負った（以上につき、在日朝鮮人の人権を守る会編『在日朝鮮人の基本的人権』）。

一九八七年の「大韓航空機事件」に続いて各地で朝鮮学校生徒に対する暴行・脅迫事件が続発した。同年一二月一一日、東京都日野市で、チマ・チョゴリの制服姿の朝鮮中高級学校女子生徒（高校三年）が登校途中、中年男性にヒモのようなもので首を絞められ全治二週間の傷害を負った。

朝鮮学校生徒に対する暴行、傷害、器物損壊、名誉毀損、侮辱、脅迫が多発した。

一九八九年の「パチンコ疑惑」では各地で朝鮮総連、関連団体、及び朝鮮学校に対する差別と迫害が悪化した。一九九〇年五月、居住地変更届をしなかったという形式的理由だけで、外国人登録法違反容疑の強制捜査が行われ、勤務先である同胞生活相談所、東京朝鮮中高級学校など八カ所に及んだ。被害は女子生徒に集中し、チマ・チョゴリがナイフやカッターで切られた（床井茂編『いま在日朝鮮人の人権は』）。

一九九四年春、「北朝鮮核疑惑」騒動のため朝鮮学校への脅迫電話が始まり、生徒への暴力・暴言事件が多発した。四月一四日、東京朝鮮高級学校生徒は電車の中で後ろから「朝鮮人！」と言われ、ホームに突きとばされた。後で見るとチマ・チョゴリが一五センチほど切られていた（朝鮮人学生に対する人権侵害調査委員会編『切られたチマ・チョゴリ』）。

一九九八年八月三一日、朝鮮が人工衛星を打ち上げたと発表すると、メディアは連日、制裁騒動に明け暮れた。「在日朝鮮人は人質だ」などと朝鮮人攻撃を煽動する政治家発言がメディアによって拡散され、チマ・チョゴリを着用した朝鮮学校生徒への襲撃事件が始まった。九月一日、広島朝鮮初中高級学校に「朝鮮人は殺す」「朝鮮人は出ていけ」等の暴言電話があった。同月一二日、愛知朝鮮学校中級部生徒は鳴海駅から乗ってきた男性から「朝鮮人は朝鮮に帰れ！」と言われた。一〇月一五日、千葉朝鮮会館（朝鮮総連千葉支部）に何者かが侵入し放火殺人事件を起こした（朝鮮人学生に対する人権侵害調査委員会編『再び狙われたチマ・チョゴリ』）。

二〇〇二年九月、ピョンヤンにおける日朝会談において、朝鮮側が「日本人拉致事件」を認めたことから、日本社会に激震が走った。その結果、朝鮮人団体や朝鮮学校に対する脅迫が集中した。

以上のように一九六〇年代から長期にわたって、日本社会は朝鮮人に対する暴行・暴言事件を繰り返した。ここには共通点がある。

第一に、朝鮮半島と日本列島における政治的軍事的緊張関係である。朝鮮と韓国、朝鮮と日本の間に様々な緊張と対立が積み重ねられてきた。その都度、朝鮮学校生徒に対する犯罪が繰り返された。

第二に、政治家やメディアは朝鮮叩きに励み、政治家は「在日朝鮮人は人質だ」と発言するなど朝鮮人の基本的人権を否定する発言を公然と行い、メディアはそれを全国に拡散した。文科省は朝鮮学校差別政策を採用してきた。これらは差別の煽動でありヘイト・スピーチである。

第三に、暴行・傷害、器物損壊、放火など歴然たる犯罪が繰り返されたにもかかわらず、犯人がほとんどつかまっていない。ごく一部の暴力犯人が逮捕されたにすぎない。

以上のように日本社会は定期的に、朝鮮人に対するヘイト・クライム／スピーチを引き起こしてきた（詳しくは『原論』第一章参照）。

振り返れば、一九二三年の関東大震災発生時に、政府と軍は「朝鮮人が井戸に毒を投げ入れた」と虚偽宣伝を行い、これに乗せられた民衆が大量の朝鮮人を殺害する「関東大震災朝鮮人虐殺（コリアン・ジェノサイド）」が起きた（前田朗『増補新版ヘイト・クライム』）。

日本人にとっては歴史の彼方の事件であるが、被害者にとっては今日に至るまで百年続いている悪夢である。過去の数々の事件を忘却して、「ヘイト・スピーチは最近起きている」というのは歴史を歪曲する結果となる。

五　ナチス・ドイツに特殊な歴史か

ヘイト・スピーチ対策が話題になるや真っ先に唱えられたのが、ナチス・ドイツの特殊性である。一部の論者は「ドイツではヘイト・スピーチを処罰するが、アメリカでは表現の自由を尊重する。ドイツではナチス・ドイツのユダヤ人迫害の歴史があるためにヘイト・スピーチに厳しく対処している」と唱え、日本はアメリカに学ぶべきだと唱えた。

ナチス・ドイツの歴史の特殊性と言うのならば、ナチスと三国同盟を結んだ日本軍国主義のアジア侵略の特殊性を議論すべきだが、なぜかその議論はなされない。

そもそもナチス・ドイツの歴史の特殊性というのは事実に基づいていない。

第一に、ドイツのヘイト・スピーチ対策には、①マイノリティに対するヘイト・スピーチの刑事規制と、②ユダヤ人迫害等の歴史の事実を否定する「アウシュヴィッツの嘘」犯罪の規制の両者が含まれる。後者は特殊性と言えなくもないが、前者はそうとは言えない。

第二に、マイノリティに対するヘイト・スピーチの刑事規制は、世界一二〇カ国以上の刑法や人種差別禁止法に明示されている。EU諸国はすべてヘイト・スピーチ処罰法を持っている。ドイツに限られた話ではない。

第三に、ユダヤ人迫害等の歴史の事実を否定する「アウシュヴィッツの嘘」犯罪と同種の犯罪は、ドイツ以外にもフランス、ベルギー、スイス、オーストリア、スペイン、ポルトガル、イタリアを始め欧州の二〇カ国以上に存在する。欧州以外にイスラエルやパレスチナにも存在する。もともとドイツの歴史に由来するが、規制を単にドイツの特殊性に帰することは適切ではない（『序説』七一一頁、図表5参照）。

六　教育や対抗言論で対処すべきか

ヘイト・スピーチを刑事規制するべきか否かの議論では、多くの憲法学者やジャーナリストが「処罰ではなく教育で対処するべきだ」、「処罰ではなく

図表5　「アウシュヴィッツの嘘」類型の刑法

オーストリア、ベルギー、ブルガリア、クロアチア、キプロス、チェコ、フランス、ドイツ、ギリシア、ハンガリー、イタリア、ラトヴィア、リトアニア、ルクセンブルク、マルタ、ポーランド、ポルトガル、ルーマニア、スロヴェニア、スペイン、スイス、リヒテンシュタイン、マケドニア、アルバニア、ロシア、イスラエル、パレスチナ、ジブチ

対抗言論によるべきだ」と主張した。

なるほど教育は重要である。対抗言論も、市民社会による応答として非常に重要である。教育や対抗言論はヘイト・スピーチ対策の主要な柱である。しかし教育や対抗言論には限界がある。

第一に、欧州を始め多くの諸国で、ヘイト・スピーチ対策のための教育に力を入れてきた。しかし教育によってヘイト・スピーチをなくした国の存在は知られていない。

第二に、教育で対処するべきだという一般論では何も解決しない。どのような教育をするのか。初等教育なのか、高等教育なのか、社会教育なのか。いかなる教育課程が準備されているのか。その実践例に積み重ねはあるのか。諸外国における反差別・反ヘイトの教育の研究はなされてきただろうか（本書第六章参照）。

第三に、対抗言論はいつでも準備できるわけではない。被害当事者が声を上げるのは容易でない。被害当事者の声に呼応して、市民社会の中で対抗言論が組織されることは重要だが、被害を未然に予防することはできない。被害が生じてから動き出すのが通常だからだ。

ヘイト・デモの場合、現場における対抗言論が不可欠である。現に各地でカウンター行動が取り組まれてきた。カウンターの現場に立ち会った者ならば、ことは対抗言論では済まないことを身にしみて感じている。

もちろんメディアにおける対抗言論も重要である。ヘイト・デモの実体を伝え、被害者や社会の平穏を回復するためにメディアが果たすべき役割は大きい。

第四に、ヘイト・スピーチの中には、マイノリティの殺害や排除を大音量で叫ぶ例が目立つ。もはや議論の範疇ではない。殺害予告に対して対抗言論を行うことにどのような意味があるのだろうか。神奈川県弁護士会川崎支部所属の本田正男弁護士が「市民や市民団体の活動では止められない現実がある。現場の生の姿から社会の動きをすくい取っていくのも弁護士会の役目」と声明の意義を強調し、「『声明に反対な人は現場へ行きヘイト・スピーチを見てほしい』という意見もあった」と述べたのも、このためである（本書第一章参照）。

ヘイト・デモの現実を知らない論者が、教育や対抗言論が重要だと唱えてきたのが実情ではないだろうか。

七　ヘイト対策は国の責任か

ヘイト・スピーチは各地で起きている。ヘイト・デモが繰り返し行われてきたのは、札幌、東京、川崎、名古屋、京都、大阪、福岡等の大都市であるが、各地の都市でも起きているところがある。ヘイト団体のメンバーがいるところはもとより、シンパが独自に行動を起こすこともある。

ヘイト・スピーチやヘイト・デモの呼びかけはインターネットを通じてなされるため、特定の地域にとどまるわけではない。

その意味ではヘイト・スピーチは全国的問題であり、政府が対処するべき問題である。

人種差別撤廃条約は、その第二条で差別対策を中央政府と地方自治体の両者の責務としているが、第四条のヘイト・スピーチ規制は中央政府の責務としている。

欧州各国の状況は多様である。ヘイト・スピーチ対策をもっぱら中央政府が担当している国も少なくない。とりわけ小規模国家においては政府が対策に当たるのが当然とされている。他方、連邦制の国では各州が主体的に取り組みを行う例が目立つ。中央政府も法規制その他の対策を担うが、相談や教育については州政府（あるいは自治体）がこれを担当している。

前にも引用したが、ヘイト・スピーチ解消法は、次のように定める。

ヘイト・スピーチ解消法第四条　国は、本邦外出身者に対する不当な差別的言動の解消に向けた取組に関する施策を実施するとともに、地方公共団体が実施する本邦外出身者に対する不当な差別的言動の解消に向けた取組に関する施策を推進するために必要な助言その他の措置を講ずる責務を有する。

2　地方公共団体は、本邦外出身者に対する不当な差別的言動の解消に向けた取組に関し、国との適切な役割分担を踏まえて、当該地域の実情に応じた施策を講ずるよう努めるものとする。

国には、①差別的言動の解消に向けた取り組み、及び②地方公共団体に必要な助言その他の措置を講ずる責務があるとする一方で、地方公共団体には「当該地域の実情に応じた施策を講ずるよう努める」としている。

同様に第五条（相談体制の整備）、第六条（教育の充実等）、第七条（啓発活動等）の条文はすべて、国の責務を掲げると同時に、地方公共団体の努力を求める規定となっている。

特にインターネットにおけるヘイト・スピーチの場合は、全国一律の対策が求められるが、ヘイト・デモやヘイト集会の場合は「当該地域の実情に応じた施策を講ずる」に該当すると考えられる。

〈参考文献〉

ヘイト・クライム／スピーチの実態については多数の著書・報告がある。

*在日朝鮮人の人権を守る会編『在日朝鮮人の基本的人権』（二月社、一九七七年）
*床井茂編『いま在日朝鮮人の人権は』（日本評論社、一九九〇年）
*朝鮮人学生に対する人権侵害調査委員会編『切られたチマ・チョゴリ』（在日朝鮮人・人権セミナー／マスコミ市民、一九九四年）
*朝鮮人学生に対する人権侵害調査委員会編『再び狙われたチマ・チョゴリ』（在日本朝鮮人人権協会、一九九八年）
*在日朝鮮人・人権セミナー編『在日朝鮮人と日本社会』（明石書店、一九九九年）

近年話題になった事件については下記の著書がある。

*中村一成『ルポ 京都朝鮮学校襲撃事件』（岩波書店、二〇一四年）
*李信恵・上瀧浩子『#黙らない女たち――インターネット上のヘイト・スピーチ・複合差別と裁判で闘う』（かもがわ出版、二〇一八年）
*冨田真由美『あきらめない。――ヘイト・クライムとたたかった2394日 原告手記・徳島県教組襲撃事件』（アジェンダプロジェクト、二〇一九年）

ヘイト・スピーチの法的定義や法的対策に関する基本文献は次の三冊である。

*師岡康子『ヘイト・スピーチとは何か』（岩波新書、二〇一三年）
*前田朗『増補新版ヘイト・クライム』（三一書房、二〇一三年）
*前田朗編『いま、なぜヘイト・スピーチなのか』（三一書房、二〇一三年）

第三章

ヘイト・スピーチを許さない7つの根拠

一　被害の実態

ヘイト・スピーチの被害はなかなか理解されずにきた。被害者は恐怖のあまり沈黙を余儀なくされる。被害者はマイノリティであることが多く、被害を訴えてもマジョリティは耳を傾けてくれない。「そんなことはたいしたことではない」と感想を漏らすことさえある。こうなると、マイノリティにとっては、マジョリティ全体が加害者ではないかと見えてくる。周囲の誰が加害者になるかわからない。ますます沈黙に追いやられる。

このためヘイト・スピーチの被害を訴える声は聞き取られることなく宙を彷徨ってきた。ようやく聞き取られるようになったのは、京都朝鮮学校襲撃事件や徳島県教組襲撃事件の被害者が必死の思いで声を上げたからである。ヘイト・スピーチという言葉が普及して以後は、各地で被害者が小さな声で語り始めた。

二〇一六年のヘイト・スピーチ解消法案の審議をした国会における参考人陳述を見てみよう。

「あの日のことをお話しするのはとても厳しくつらいです。一月三一日は過ぎましたが、まだ私たちそこに暮らす人間にとっては終わった話ではなく、続いている話だからです。また来るぞと言ってその日のデモは終わりました。悪夢のような時間でした。私たちの町、桜本の町の入口で、助けてください、助けてください、桜本には絶対に入れないでください、お願いです、お願いです、桜本を守ってください、僕は大人を信じてますと泣きながら叫ぶ中学生の子供の隣で、彼を支えなければと思ったけれど、あのとき私の心も殺されました。

ヘイトデモをする人たちの良心を信じ、差別をやめて共に生きようとラブコールを送ってきたけれど、たくさんの警察に守られながら、一人残らず日本から出ていくまでじわじわと真綿で首を絞めてやるからと、デモを扇動した人が桜本に向かってくる。韓国、北朝鮮は敵国だ、敵国人に対して死ね、殺せと言うのは当たり前だ、皆さん堂々と言いましょう、朝鮮人は出て行け、ゴキブリ朝鮮人は出て行け、朝鮮人、空気が汚れるから空気を吸うなと叫ぶ人たちが私たちの町へ警察に守られて向かってきた。あのとき、私の心は殺されたと同じです」（崔江以子《チェカンイジャ》参考人陳述。魚住裕一郎ほか『ヘイトスピーチ解消法成立の経緯と基本的な考え方』）。

被害を受けた中学一年生が川崎市長に送った手紙（二〇一六年二月一三日）を見てみよう。

「こんにちは。桜本中学校一年の中根寧生です。一月三一日にまたヘイトデモがあり、僕らの暮らす街にまで来そうになりました。

『朝鮮人は敵。朝鮮人は出て行け。敵をぶち殺せ』ととてもひどい言葉を大人が言っていました。もし、こんなひどい言葉を学校で誰かが言ったら先生は必ず注意をするし、僕もやめろと言います。これは差別です。

たくさんの大人が川崎市にヘイトデモに許可を出さないでとお願いしても、差別かどうかわからない。法律がない、表現の自由との兼ね合いがあると答えたと聞きました。

福田市長さんも同じ考えですか？　『朝鮮人は敵。朝鮮人は出て行け。敵をぶち殺せ』というデモが行われる町が、福田市長さんのいう『最幸のまち川崎』なのですか？

大切な家族や友人地域の人が差別をされてつらい思いをしています。

福田市長さん助けてください。川崎もルールを作ってヘイトデモができないようにしてください。

ぶち殺せなんていう言葉が、表現の自由なんですか？　ヘイトデモに傷つけられて、そのことから川崎市が守ってくれないことに僕も家族も友人も地域の人たちも悲しい気持ちでいます。最幸ではありません。

福田市長さんはどう思いますか。教えてください。」

（ヘイトスピーチを許さないかわさき市民ネットワーク編『根絶！　ヘイトとの闘い』）

福田市長は誠意ある返信をしたためたが、当時はヘイト・スピーチ解消法制定以前であり、川崎市の対処に限界があることを認めざるをえなかった。

京都朝鮮学校襲撃事件、徳島県教組襲撃事件、李信恵反ヘイト裁判等について、ジャーナリストによる報告や、被害者の思いをつづった著書がある。従前の議論では被害の実態を踏まえたとは言い難かった。ヘイト・スピーチ解消法の審議過程においてようやく現実に目が向けられるようになった。今後も被害の実態を脇に追いやることなく、適切な対処を考案していく必要がある。

ここで何よりも確認しておくべきことは、日本政府が、外国人差別やヘイト・スピーチの実態調査を行わずに来たことである。二〇〇一年以来、国連人種差別撤廃委員会が日本政府に実態調査を行うよう繰り返し勧告したが、日本政府が調査を実施したのは二〇一六年のことであった。それ以前は民間団体による限定された調査しか行われていない。今後は日本政府も地方自治体も住民たる外国人の被害実態を調査し、記録していく必要がある。

二　被害をどう受け止めるか

ヘイト・スピーチの被害を法的にどう把握するか、いまなお必ずしも共通理解があるわけではない。

さすがに「差別表現であっても被害はない」と暴言を吐く論者はほとんどいなくなった。しかし被害を認めはするが、できるだけ少なく見積もっておいて法的保護が必要なほどではないとする。あるいは、民法による保護は必要だが刑法による保護は必要ないという考えはまだ根強い。

ヘイト・スピーチ解消法前文は、本邦外出身者又はその子孫を「我が国の地域社会から排除することを煽動する不当な差別的言動が行われ、その出身者又はその子孫が多大な苦痛を強いられるとともに、当該地域社会に深刻な亀裂を生じさせている」と確認している。

ここでは、①マイノリティが被る害悪、②地域社会が被る害悪、この二つが併記されている。

1 マイノリティが被る害悪

ヘイト・スピーチの標的とされたマイノリティが被る害悪は、近年の実例の調査、報道、裁判例、マイノリティへのアンケート調査等を通じて徐々に明らかになってきた。

個人の被害であれば、名誉毀損、侮辱、脅迫等の被害であり、殺人等の暴力の扇動、社会的排除（迫害）等である。個人を特定していなくても、人種・民族等の同じ属性を有する人々には深刻な被害が生じる。

言葉による攻撃が被害を生むのは、加害側と被害側の関係が「マジョリティとマイノリティの関係」のように不均衡であり、圧倒的な落差、格差の現実を背にした関係だからである。同じ言葉を投げつけられても、マジョリティにとってはさほど気にならない言葉が、マイノリティにとっては身を引き裂くようなダメージとなることがある。

京都朝鮮学校襲撃事件では、校内にいた生徒や教師が直接の被害者であるが、ヘイト・スピーチが向けられたのは、これにとどまらず、家族、友人、卒業生、学校関係者の全てが含まれる。京都だけではなく各地の朝鮮学校関係者も被害感情を持つ。ひいては全国の在日朝鮮人に影響を及ぼした。

徳島県教組襲撃事件では、建造物侵入や威力業務妨害の直接の被害者は日本人であるが、ヘイトが向けられたのは朝鮮人であり、実行犯は差別を扇動する意図を有していた。

津久井やまゆり園事件では、無惨に命を絶たれた被害者以外に、重傷を負いながら生き延びた被害者、狙われた被害者の家族、友人知人、そして施設の関係者のいずれもが何らかの形で、心理的に過重な負担を抱えさせられた。メッセージ犯罪は、いくらそのメッセージを打ち消しても、何度も何度もよみがえってくる。ヘイト・スピーチはメッセージ犯罪であって、メッセージが飛んでいった先々に被害を生み出す性質を有する。

ハワード大学の社会心理学者ケリーナ・クレイグ・ヘンダーソンの論文「ヘイトの心理学的被害――連累と介入」によると、ヘイト被害者は、動揺、落涙、感覚喪失、全身硬直感、スローモーション体験、口内乾燥など様々な体験を強制される。その被害と負担は他人にはなかなか伝わりにくい。同じ属性を持つ人でないと実感しにくいからだ。被害者本人でさえ、あまりの被害に、被害を受けたことを否認しようとしたり、かなり時間を経たのちに初めて被害を実感したりすることがある。クレイグ・ヘンダーソンは特に心理学的被害について分析している（『序説』二七四頁以下）。

①　感情的苦悩の継続――事件から日時が経過して、日常生活に戻っていても、しばしば事件のことを想起して苦しむ。日常的に同じ差別に悩んでいたり、不安を抱えているので、悪夢が消え去ることがない。

②　自信喪失――理不尽な被害を受けることなく通常の生活をすることができるという期待が打ち砕かれ、世界は予期することのできない場となる。自分を肯定的に了解することができず、無力感に陥る。

③　逸脱感情――被害者自身が自己尊重の念を喪失させられ、逸脱しているという自己理解を余儀なくされ、自分を否定的にとらえてしまう。

④　間違った帰責――被害者が自分で被害を説明しなければならず、外的要因による被害を、自己の内的要因に向けてしまう。被害者が自分を責める悪循環に陥る。

⑤　被害者集団間への影響――被害者と同じ属性を持つ人々が、次は自分かもしれないと思わずにいられない。恐怖、怒り、絶望に襲われる。「身代わりのトラウマ」を体験する。

2　地域社会が被る害悪

「身代わりのトラウマ」に見るように、ヘイト・スピーチの直接の標的とされた人種・民族等の同じ属性を有する人々が害悪を被る。同じ地域に暮らす人々は被害の再発に脅える。他の地域に暮らす人々にとっても、同じようなヘイト犯が自分のコミュニティにいないと安心することはできない。

被害者と同じ属性を有する人々だけではない。友人知人にとってはやはり心を痛める出来事であり、はじめのうちは被害者に言葉をかけることさえためらわれる。

加害者でも被害者でもない多くの人々はどうであろうか。仮に「コミュニティの普通の人々」と呼ぶとすると、コミュニティの普通の人々にとって、ヘイト・スピーチのような差別発言は耳障りで聞きたくないし、関係を持ちたくないだろう。だが地域でヘイト・スピーチが行われることを許しておけば、外出の際に偶然でくわすかもしれない。街宣車がやってきて、嫌でも耳に入るかもしれない。

ヘイト・スピーチ解消法前文が述べるように「当該地域社会に深刻な亀裂を生じさせている」とすれば、コミュニティの普通の人々にとっても自分の町が暮らしやすい町ではなくなっている恐れがある。ヘイト・デモを許している町に暮らすことは、コミュニティの普通の人々もヘイト・

デモを許し、場合によっては加担していることになりかねない。なぜならヘイト・デモを許していると、民主主義が損なわれるからだ（この点は次項参照）。

他方、国連人種差別撤廃委員会ではヘイト・スピーチの経済的被害が語られてきた。差別を容認し、ヘイト・スピーチが行われている社会では、特定のマイノリティを排除する言説が許されている。そこでは特定のマイノリティを「人間以下」とし、「差別されても仕方のない人」として扱っている。必然的に特定のマイノリティは就学や就職で差別される。住居、商品交換、商品サービスの面でも差別されるかもしれない。特定のマイノリティの集住する地域では、地価が下がる。

新大久保ヘイト・デモでは、コリアンタウンと称される朝鮮韓国人の集住・営業地域でヘイト・スピーチが続いたため、商店の営業に悪影響を与え、売り上げが減少した。店舗従業員のアルバイト雇用が減り、地価の低落につながったと言われる。

三　レイシズムと民主主義

日本では民主主義を根拠にして表現の自由を強調し、表現の自由を根拠にしてヘイト・スピーチ刑事規制に消極的な意見が語られる。

ＥＵ諸国や国連人権理事会では逆に、民主主義を根拠にしてヘイト・スピーチの刑事規制が求められる。民主主義とレイシズムは相容れないと考えられているからだ。

二〇一六年三月一八日、国連人権理事会第三一会期において「民主主義と人種主義の背反性に関するパネル・ディスカッション」が開催された。

冒頭、ケイト・ギルモア国連人権高等弁務官陪席が開会演説を行った。パネリストは、ロナルド・クリスイム・セナ・バロス（ブラジル人種平等政策促進特別事務長）、ジェローム・ジェイミン（リエージュ大学教授、ベルギー）、エミーヌ・ボズクルト（民主主義と電子援助国際研究所顧問、元ＥＵ議会議員）である。

すべての発言者がレイシズムを非難し、レイシズムに基づく法律は民主主義に反すると主張した。成熟した民主主義国においても、移住者、難民、マイノリティのように被害を受けやすい集団に属する個人が暴力被害を受けている。概念の混乱の結果、民主主義的価値を根拠にして外国人排斥を正当化する事態が生じていると指摘された。

民主主義、透明性、参加、責任、人権尊重がレイシズムを予防し撤廃するために重要である。レイシズムや外国人排斥によって行われた犯罪を処罰しないことは、民主主義や法の支配を強化することの妨げとなっている。誰もがこのように述べた。

レイシズムやヘイト・スピーチは民主主義と両立しない。ヘイト・スピーチは民主主義実現の障害物である。ヘイト・スピーチを規制しなければ民主主義を実現できないし、表現の自由を保障することもできない（『原論』一八六頁参照）。

ヘイト・スピーチ解消法前文が「このような不当な差別的言動はあってはならず、こうした事態をこのまま看過することは、国際社会において我が国の占める地位に照らしても、ふさわしいものではない」としているのも、同種の理解が背景にあると言える。

四　日本国憲法の基本精神

ヘイト・スピーチを法的にどのように把握し、規制するべきかは日本国憲法の基本精神に則って考えるべきである。

日本国憲法は第二次大戦（アジア太平洋戦争）の敗北後、GHQ占領下において、形式上は大日本帝国憲法の改正として制定された。そこには侵略戦争や軍国主義下の人権侵害への反省が込められており、レイシズムを克服する側面を見ることができる。

憲法の基本精神はその前文に明記されている。

憲法前文第一段落は「諸国民との協和による成果」に言及し、「政府の行為によつて再び戦争の惨禍が起ることのないやうにすることを決意」するとしている。

憲法前文第二段落は、①平和主義（恒久の平和を念願）、②国際協調主義（平和を愛する諸国民の公正と信義に信頼）を前提にして、③国際社会における「名誉ある地位」を願い、④「圧迫と偏狭を地上から永遠に除去」することを国際社会の課題とし、⑤「全世界の国民が、ひとしく恐怖と欠乏から免かれ」ることを求めている。

憲法前文第三段落は国際協調主義を再確認している。

憲法は第二次大戦とファシズムへの反省に立って制定されたものであり、前文はその基本精神を表明している。

ここから言えることは、日本国憲法は、レイシズムやヘイト・スピーチのない日本を建設して国際社会で名誉ある地位を占め、さらに日本国民のみならず全世界の国民がヘイト・スピーチの恐怖から免れることを目指していることである。全世界の国民、特にアジアの人々が日本社会においてヘイト・スピーチを受けないことが第一であり、このこと抜きに日本国民だけの平和的生存権を語るべきではない。それゆえ日本国憲法の基本精神には「ヘイト・スピーチを受けない権利」が含まれていると考えるべきである。

五　人間の尊厳──ヘイト・スピーチを受けない権利（1）

二〇一六年五月三〇日、川崎市はヘイト・デモの公園使用許可申請に対して不許可決定をした。「不当な差別的言動から市民の安全と尊厳を守るという観点から判断した」という。

続いて同年六月二日、横浜地裁川崎支部は、五日に予定されていたヘイト・デモについて、デモを禁止する仮処分決定を出した。川崎支部は、差別的言動は違法性が顕著であり、集会や表現の自由の保障の範囲外であるとし、人格権を侵害される差別的言動を事前に差し止める権利があるとした。

川崎市は「尊厳」を語り、横浜地裁川崎支部は「人格権」を語った。欧州諸国でもヘイト・スピーチによって侵害される法益は人間の尊厳（及び／又は公共の平穏）とされる。それでは人間の尊厳とは何であろうか。

実は人間の尊厳については議論が分かれている。日本国憲法が人間の尊厳という言葉を用いていないからである。憲法第一三条は次のように定める。

憲法第一三条　すべて国民は、個人として尊重される。生命、自由及び幸福追求に対する国民の権利については、公共の福祉に反しない限り、立法その他の国政の上で、最大の尊重を必要とする。

憲法第一三条は個人の尊重と幸福追求権を定め、人格権を意味すると理解されている。これを人間の尊厳と読む見解も存する。ただ、「個人の尊重」「個人の尊厳」と言えても人間の尊厳とは言えないとの理解もある。

人間の尊厳はもともと国際人権法のキーワードである。

①一九四五年の国連憲章前文は「基本的人権と人間の尊厳及び価値と男女及び大小各国の同権とに関する信念をあらためて確認」している。

②一九四八年の世界人権宣言前文は「人類社会のすべての構成員の固有の尊厳と平等で譲ることのできない権利」と述べる。

③一九六五年の人種差別撤廃条約も、④一九六六年の二つの国際人権規約前文も、⑤一九七九年の女性差別撤廃条約も、⑥一九八四年の拷問等禁止条約も、⑦一九八九年の子どもの権利条約（児童の権利条約）も、⑧二〇〇六年の障害者権利条約も、すべて人間の尊厳をキーワードとしている。このように人間の尊厳は現代人権論の中核概念である。

先に見た通り日本国憲法前文は国際協調主義を掲げている。日本国憲法第九八条二項は次のように定める。

日本国憲法第九八条　２　日本国が締結した条約及び確立された国際法規は、これを誠実に遵守することを必要とする。

日本国は国連に加盟し、①を遵守すべきであるし、右の③～⑧の条約を批准した。そして②は慣習国際法として認められているので「確立された国際法規」と言ってよい。日本国憲法の下でも人間の尊厳を尊重する思考が求められる。

六　法の下の平等と差別禁止――ヘイト・スピーチを受けない権利（２）

ヘイト・スピーチ解消法前文は「このような不当な差別的言動はあってはならず、こうした事態をこのまま看過することは、国際社会において我が国の占める地位に照らしても、ふさわしいものではない」とした上で「このような不当な差別的言動は許されない」と明示した。

憲法第一四条一項は次のように定める。

憲法第一四条一項　すべて国民は、法の下に平等であつて、人種、信条、性別、社会的身分又は門地により、政治的、経済的又は社会的関係において、差別されない。

ここには法の下の平等と差別の禁止が併記されている。ヘイト・スピーチ解消法前文には法の下の平等という言葉はないが、憲法第一四条一項の趣旨を法律化したものと理解されている。法の下の平等は近代市民革命の典型例とされるフランス革命におけるスローガン「自由、平等、博愛」以来、近代法における人権概念の中軸と理解されてきた。

世界人権宣言第一条は「すべての人間は、生れながらにして自由であり、かつ、尊厳と権利とについて平等である。人間は、理性と良心とを授けられており、互いに同胞の精神をもって行動しなければならない」とする。

同第二条一項は「すべて人は、人種、皮膚の色、性、言語、宗教、政治上その他の意見、国民的若しくは社会的出身、財産、門地その他の地位又はこれに類するいかなる事由による差別をも受けることなく、この宣言に掲げるすべての権利と自由とを享有することができる。」とする。

憲法第一四条一項では「人種、信条、性別、社会的身分又は門地」とされているが、世界人権宣言では「人種、皮膚の色、性、言語、宗教、政治上その他の意見、国民的若しくは社会的出身、財産、門地その他の地位又はこれに類するいかなる事由」と詳しい列挙がなされている。これらは差別の例示であるので、不当な差別が許されないという趣旨からして、差別の禁止の射程に差異はないと理解するべきである。

人種差別撤廃条約第一条は次のように定める。

人種差別撤廃条約第一条　この条約において、「人種差別」とは、人種、皮膚の色、世系又は民族的若しくは種族的出身に基づくあらゆる区別、排除、制限又は優先であって、政治的、経済的、社会的、文化的その他のあらゆる公的生活の分野における平等の立場での人権及び基本的自由を認識し、享有し又は行使することを妨げ又は害する目的又は効果を有するものをいう。

日本国憲法や世界人権宣言と同じ趣旨を敷衍したものと言える。日本政府は一九九五年に人種差別撤廃条約を批准し、これを遵守すると約束した。

以上見てきたように、人権論の中核概念に、①人間の尊厳と②法の下の平等と差別禁止が掲げられている。両者を総合して「差別されない権利」と理解する憲法学説も登場している（金子匡良「『差別されない権利』の権利性――「全国部落調査」事件をめぐって」『法学セミナー』七六八号、二〇一九年）。部落差別に関連する「部落地名総鑑事件」裁判のなかでも被害者側は「差別されない権利」を主張している。

ヘイト・スピーチは不当な差別的言動であり、不当な差別の典型例である。日本国憲法の人権条項には「差別されない権利」、「ヘイト・スピーチを受けない権利」が含まれていると理解するべきである。

すでに見たように、ヘイト・スピーチはレイシズムの具体的発現であって民主主義と相容れない。日本国憲法の基本精神である平和主義と国際協調主義、その前提としてかつての侵略戦争への反省という趣旨からしても、日本国憲法はヘイト・スピーチを受けない権利を要請している。それゆえ人間の尊厳、法の下の平等と差別禁止は、日本社会においてすべての人々がヘイト・スピーチを受けない権利を具体的に要請していると理解するべきである。

七　表現の自由を守るために

憲法第二一条は表現の自由を保障する。

憲法第二一条　集会、結社及び言論、出版その他一切の表現の自由は、これを保障する。

2　検閲は、これをしてはならない。通信の秘密は、これを侵してはならない。

表現は個人の人格権の発露であると同時に、民主主義を支える重要な要素であるから、表現の自由の重要性は言うまでもない。憲法学上、表現の自由の優越的地位と称されてきたのは、現代民主主義にとって表現の自由、知る権利、情報公開が要諦をなすためである。

このため従来ともすると、「ヘイト・スピーチの規制は表現の自由に抵触する」という意見が強く主張されてきた。ここには大きな誤解がある。

第一に、ヘイト・スピーチは民主主義を損なうのであって、民主主義を基盤とする表現の自由を理由にしてヘイト・スピーチ規制を否定するのは論理矛盾である。

第二に、ヘイト・スピーチは他者の人間の尊厳を損なうものであって、人間の尊厳や人格権を理由にしてヘイト・スピーチ規制を否定するのは論理矛盾である。

事態はむしろ逆である。「表現の自由を守るためにヘイト・スピーチを規制しなければならない」。これが国際常識と言ってよい。

第一に、「ヘイト・スピーチの沈黙効果」と呼ばれてきたように、ヘイト・スピーチは標的とされた被害者を沈黙に追い込む。ヘイト・スピーチによってマイノリティの表現の自由が抑圧されてきた。マジョリティの表現の自由だけを保障する思考は不適切である。

第二に、表現の自由には責任が伴う。憲法第一二条は次のように定める。

憲法第一二条　この憲法が国民に保障する自由及び権利は、国民の不断の努力によつて、これを保持しなければならない。又、国民は、これを濫用してはならないのであつて、常に公共の福祉のためにこれを利用する責任を負ふ。

ヘイト・スピーチは表現の自由の行使ではなく、無責任な表現の濫用に過ぎない。それゆえ日本国憲法の立場からすると、表現の自由を守るためにヘイト・スピーチを規制しなければならない。以上のことは国際常識である。

世界人権宣言第一九条は「すべて人は、意見及び表現の自由に対する権利を有する。この権利は、干渉を受けることなく自己の意見をもつ自由並びにあらゆる手段により、また、国境を越えると否とにかかわりなく、情報及び思想を求め、受け、及び伝える自由を含む」とする。

そして同宣言第二九条二項は「すべて人は、自己の権利及び自由を行使するに当っては、他人の権利及び自由の正当な承認及び尊重を保障すること並びに民主的社会における道徳、公の秩序及び一般の福祉の正当な要求を満たすことをもっぱら目的として法律によって定められた制限にのみ服する。」と定める。

図表６　表現の自由と責任

	表現の自由	表現の責任
日本国憲法	第２１条１項 集会、結社及び言論、出版その他一切の表現の自由は、これを保障する。	第１２条 この憲法が国民に保障する自由及び権利は、国民の不断の努力によつて、これを保持しなければならない。 又、国民は、これを濫用してはならないのであつて、常に公共の福祉のためにこれを利用する責任を負ふ。
世界人権宣言	第１９条 すべて人は、意見及び表現の自由に対する権利を有する。この権利は、干渉を受けることなく自己の意見をもつ自由並びにあらゆる手段により、また、国境を越えると否とにかかわりなく、情報及び思想を求め、受け、及び伝える自由を含む。	第２９条２項 すべて人は、自己の権利及び自由を行使するに当っては、他人の権利及び自由の正当な承認及び尊重を保障すること並びに民主的社会における道徳、公の秩序及び一般の福祉の正当な要求を満たすことをもっぱら目的として法律によって定められた制限にのみ服する。
国際自由権規約	第１９条２項 すべての者は、表現の自由についての権利を有する。この権利には、口頭、手書き若しくは印刷、芸術の形態又は自ら選択する他の方法により、国境とのかかわりなく、あらゆる種類の情報及び考えを求め、受け及び伝える自由を含む。	第１９条３項 ２の権利の行使には、特別の義務及び責任を伴う。したがって、この権利の行使については、一定の制限を課すことができる。ただし、その制限は、法律によって定められ、かつ、次の目的のために必要とされるものに限る。 (a)　他の者の権利又は信用の尊重 (b)　国の安全、公の秩序又は公衆の健康若しくは道徳の保護

日本国憲法第二一条と第一二条の関係と同じことを、世界人権宣言第一九条と第二九条二項が定めている。

国際自由権規約（市民的政治的権利に関する国際規約）第一九条一項第一文は「すべての者は、表現の自由についての権利を有する」と定める。

そして同規約第一九条二項は「2の権利の行使には、特別の義務及び責任を伴う。したがって、この権利の行使については、一定の制限を課すことができる。ただし、その制限は、法律によって定められ、かつ、次の目的のために必要とされるものに限る。

(a) 他の者の権利又は信用の尊重

(b) 国の安全、公の秩序又は公衆の健康若しくは道徳の保護」と定める。

表現の自由と責任について、日本国憲法が定めているのと同じ意味内容が、国際常識であることが判明する（図表6参照）。

それゆえ人権を保障する国家・社会では、表現の自由を守るためにヘイト・スピーチを規制しなければならない。問題は、具体的にどのようなヘイト・スピーチが許されず、どのようにして規制するべきかである。ヘイト・スピーチ解消法が地方自治体にヘイト・スピーチ対策を委ねた現在、地方自治体における取り組みが必須である。

〈参考文献〉

ヘイト・スピーチ解消法の制定過程や重要資料については次の二冊が重要である。

＊魚住裕一郎ほか『ヘイト・スピーチ解消法成立の経緯と基本的な考え方』（第一法規、二〇一六年）
＊師岡康子編『Ｑ＆Ａヘイト・スピーチ解消法』（現代人文社、二〇一六年）

ヘイト・スピーチの法的性格、保護法益、条文解釈については次の二冊が詳しい。

＊金尚均編『ヘイト・スピーチの法的研究』（法律文化社、二〇一四年）
＊金尚均『差別表現の法的規制――排除社会へのプレリュードとしてのヘイト・スピーチ』（法律文化社、二〇一七年）

ヘイト・スピーチ法に関する総合的研究は次の二冊である。

＊前田朗『ヘイト・スピーチ法研究序説』（三一書房、二〇一五年）
＊前田朗『ヘイト・スピーチ法研究原論』（三一書房、二〇一九年）

第四章

ヘイトの共犯にならない7つの対策

一　人権と反差別の条例

ヘイト・スピーチ対策のために地方自治体に何ができるか。何をすべきか。この問いが地方自治体にとって具体的なものとなったのは、二〇一六年のヘイト・スピーチ解消法制定以後のことである。

解消法以前にも、各地でヘイト・スピーチ対策が課題となっていた。二〇〇九年の京都朝鮮学校襲撃事件、一〇年の徳島県教組襲撃事件、一二〜一三年の新大久保ヘイト・デモ、一三年以後の川崎ヘイト・デモ、一四年の門真市民会館事件など、ヘイト・スピーチの実際の事件は地域で起きてきた。そこで各自治体では、ヘイト・スピーチに対処するにはどうすれば良いのか。その解決策を国に求めて議会決議を出した。

例えば京都府では、二〇一四年一二月、京都市及び向日市の議会がヘイト・スピーチ対策のための法整備を求める意見書を採択した。翌一五年三月、京都府議会も同じ趣旨の意見書を採択した。その後、三月には宇治市、長岡京市、六月には宮津市、亀岡市、八幡市、京田辺市、大山崎町、久御崎町、井手町、精華町、伊根町、与謝野町、七月には福知山市、綾部市、京丹後市、九月には城陽市、木津川市、笠置町、和束町、南山城町、京丹波町、一〇月には舞鶴市、南丹市、宇治田原町がそれぞれ議会で意見書を採択した（京都府パンフレット『ヘイト・スピーチと人権』二〇一七年、による)。

この時期には地方自治体は国が法整備を行って、具体的な指針を示すことを求めていた。

これに応じて二〇一六年、ヘイト・スピーチ解消法が制定された。同法第四条は次のように定めた。


ヘイト・スピーチ解消法第四条　国は、本邦外出身者に対する不当な差別的言動の解消に向けた取組に関する施策を実施するとともに、地方公共団体が実施する、本邦外出身者に対する不当な差別的言動の解消に向けた取組に関する施策を推進するために、必要な助言、その他の措置を講ずる責務を有する。

地方公共団体は、本邦外出身者に対する不当な差別的言動の解消に向けた取組に関し、国との適切な役割分担を踏まえて、当該地域の実情に応じた施策を講ずるよう努めるものとする。


ここでは国と地方公共団体のそれぞれの責務が明記されているが、具体的な対策は地方公共団体に委ねられ、国は地方公共団体に「必要な助言」をするとしている。

法務省はウエブサイトに「ヘイト・スピーチに焦点を当てた啓発活動」というページを設け、

ヘイト・スピーチに関する解説記事、ポスター、リーフレット、インターネット広告などを掲載している。また「人権教育・啓発中央省庁連絡協議会ヘイト・スピーチ専門部会」を設置して、協議を続けている。

さらに、法務省は人権擁護局内に「ヘイト・スピーチ対策プロジェクトチーム」を設置し、「『本邦外出身者に対する不当な差別的言動の解消に向けて取組の推進に関する法律』に係る参考情報(1)」を作成し、例えばヘイト集会への公共施設利用に関して、ヘイト・スピーチ解消法の直接的な効果として、許可権限を有する行政機関が直ちに不許可にすることはできないとしつつ、同法が不当な差別的言動は許されないと宣言したことは、他の法令の解釈指針となり得るとした国会審議をふまえ、こうした観点から公の施設使用許可申請等とヘイト・スピーチの問題を考えていく必要があるとして、地方自治体が検討する際の参考資料を提供している（本書第五章参照）。

ヘイト・スピーチ解消法第四条は「当該地域の実情に応じた施策を講ずるよう努める」としているので、各地方自治体は「国との適切な役割分担を踏まえて」、地域の実情を調査し、必要な施策を検討していくべきである。重要なのは「ヘイト・スピーチを許さない」という法の精神を受けて、そのために何が必要か、何ができるかを検討することである。

すでに一部の地方自治体では、人権条例を制定したり、ヘイト・スピーチ条例を制定したり、公共施設利用に関するガイドラインを作成したり、多様な動きが見られる。地方自治体も「ヘイト・スピーチを許さない」姿勢を明確に打ち出すことが出発点である。
　これまでの主な例として次のようなものがある。
①　声明――地方自治体首長（又は自治体議会等）がヘイト・スピーチを許さない姿勢を表明する。「大阪にヘイト・スピーチはいらない」という橋下徹・大阪市長（当時）の発言がよく知られる。国連人種差別撤廃委員会からも、二〇一四年及び一八年の日本政府報告書審査の際に、日本政府に対して「責任ある地位にある政治家等がヘイト・スピーチを許さないという発言をきちんとしているか」と問いかけがなされた。
②　意見書採択――自治体議会においてヘイト・スピーチに関連する意見書を採択する。国立市議会が二〇一四年九月に意見書を採択し、多くの自治体が続いた。京都府の自治体について右に見たとおりである。
③　条例制定――人権条例、差別禁止条例、ヘイト・スピーチ条例など各種の条例に、ヘイト・スピーチ解消法や人種差別撤廃条約の内容を盛り込む。人権条例は以前から各地の自治体で制定されていたが、ヘイト・スピーチを意識して制定されたものとして、二〇一五年一月の大阪市条例、二〇一八年の国立市条例、二〇一九年の神戸市条例などがある。
④　ガイドライン策定――ヘイト集会のための公共施設利用について、利用許可申請に対処する際の判断基準及び手続きを定める。川崎市がガイドラインを制定したのをはじめとして、いく

つもの実例が出始めている（本書第五章参照）。

二　氏名公表――大阪市型

大阪市は二〇一六年一月、大阪市ヘイト・スピーチへの対処に関する条例（以下「大阪市条例」）を制定した。二〇一四年九月、大阪市は大阪市人権施策推進審議会に「憎悪表現（ヘイト・スピーチ）」に対する大阪市としてとるべき方策について諮問した。

これを受けて大阪市人権施策推進審議会は「憎悪表現」に対する大阪市としてとるべき方策検討部会を立ち上げ、審議を重ねた結果、二〇一五年二月、①認識等の公表、②訴訟費用等の支援、③その他の支援、④本市施設等の利用制限について、を骨子とする答申をとりまとめた。答申をふまえて、大阪市は条例案を作成し、市議会での採択に至った。

大阪市条例は「ヘイト・スピーチが個人の尊厳を害し差別の意識を生じさせるおそれがある

図表7　自治体のヘイト対策例

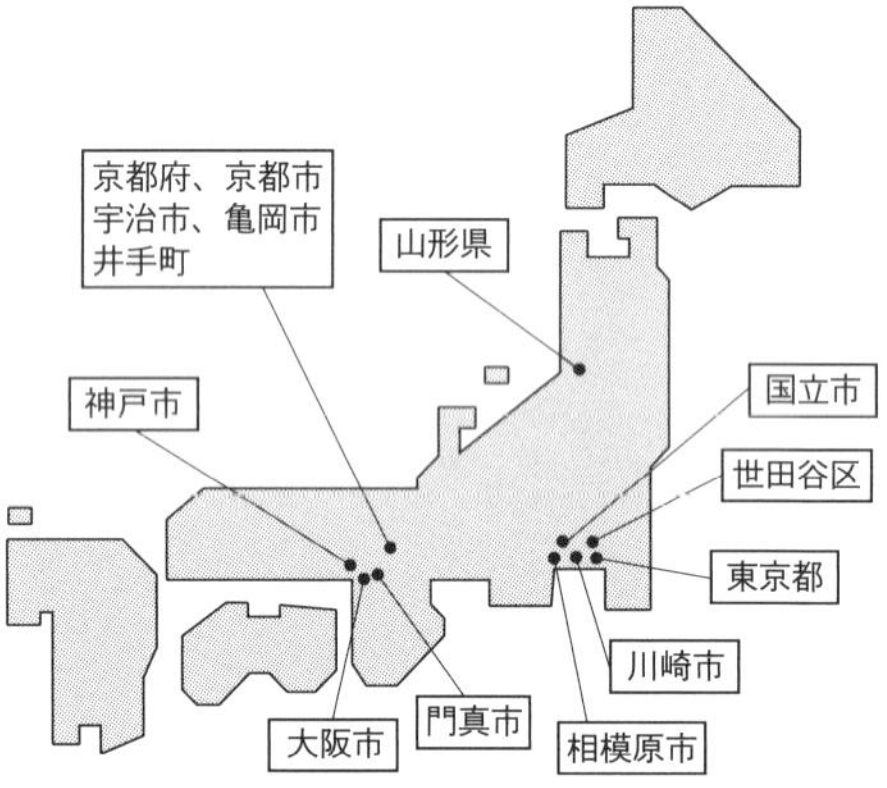

こと」をふまえ（第一条）、ヘイト・スピーチの定義を行い（第二条）、啓発（第三条）、措置等の基本原則（第四条）、拡散防止の措置及び認識等の公表（第五条）、審査会の意見聴取（第六条）、審査会の設置（第七条）、審査会の組織（第八条）、審査会の調査審査手続（第九条）、審査会に関する規定の委任（第一〇条）、適用上の注意（第一一条）、施行の細目（第一二条）を定めている。

大阪市条例はヘイト・スピーチ解消法制定よりも先だって全国で最初に制定された対策条例であった。このため先進的な意義を有すると同時に、一定の限界も指摘されてきた。

先進的な意義の第一は何よりも、地方自治体がヘイト・スピーチに毅然と対処し、住民の安全を守る責務を明確に打ち出したことである。

意義の第二は、ヘイト・スピーチの定義を試みたことである。定義は、①目的、②表現の内容又は表現活動の態様、③表現の場所又は方法、の三つの要素を掲げるものである。目的については、「次のいずれかを目的として行われるものであること」として、「ア 人種若しくは民族に係る特定の属性を有する個人又は当該個人により構成される集団（以下『特定人等』という）を社会から排除すること、イ 特定人等の権利又は自由を制限すること、ウ 特定人等に対する憎悪若しくは差別の意識又は暴力をあおること」を列挙している。前例のない状況で先進的に工夫を凝らした定義であったが、その後、ヘイト・スピーチ解消法が制定されたため、大阪市条例の定義が他の自治体で採用されるには至らなかった。

意義の第三は、「拡散防止の措置及び認識等の公表」である。条例第五条は「市長は、次に掲げる表現活動がヘイト・スピーチに該当すると認めるときは、事案の内容に即して当該表現活動に係る表現の内容の拡散を防止するために必要な措置をとるとともに、当該表現活動がヘイト・スピーチに該当する旨、表現の内容の概要及びその拡散を防止するためにとった措置並びに当該表現活動を行ったものの氏名又は名称を公表するものとする」として、一定の要件と手続きを定めている。その際にヘイト・スピーチを行った者に弁明の機会を与えることにしている。

大阪市条例の限界は、氏名公表以外の措置を採ることができないとしたことである。

第一に、大阪市審議会報告書は「訴訟費用等の支援」として、「ヘイト・スピーチにより被害を受けたとする市民等が司法救済を求めることを支援するという目的に加え、ヘイト・スピーチに関する司法判断を明らかにすることによりその抑止を図ることを目的として、大阪市がその訴訟費用を支援することについては政策的な合理性があり、そうした制度を構築することが適当である」と提言した。しかし特定人への費用援助は市民の賛同を得られないという理由から、条例には採用されなかった。重要な提言であり、引き続き検討課題であろう。

第二に、ヘイト集会目的での公共施設利用に関して、大阪市は、たとえヘイト集会目的であっても地方自治体が公共施設利用を拒否することは困難であると結論づけた。

審議会答申は「ヘイト・スピーチを行う団体であること、又は、ヘイト・スピーチが行われることのみを理由に公の施設の利用を制限することは困難である」としつつ、「ただし、ヘイト・スピーチが行われる蓋然性が高く、かつ、管理上支障が生じる等、現行条例の利用制限事由に該当することが客観的な事実により具体的に明らかに予見される場合は利用を制限することもあり得る」と述べていた。「ただし」以下の議論を深めることがなされなかったため、条例ではこの点に触れていない。

なお大阪弁護士会は二〇一七年一月、「ヘイト・スピーチ解消に向けた積極的施策の早期実施を求める意見書」を大阪府知事、大阪市長及び大阪府内各市町村町に提出した。

大阪弁護士会は、大阪市条例に関連して、①ヘイト・スピーチ審査会の迅速な審理体制の構築、②審査会の職権による積極的な対応、を提言している。

大阪弁護士会は、ヘイト・スピーチ解消法の趣旨及び両院附帯決議の趣旨に基づき、①相談体制の整備、②教育活動、広報その他の啓発活動、③各地域における継続的な実態調査、④条例の制定を提言している。

三　人権擁護――国立市型

1　国立市条例

国立市は二〇一八年一二月、人権条例を制定した。正式名称は「国立市人権を尊重し多様性を認め合う平和なまちづくり基本条例（以下「国立市条例」）」である。

国立市は二〇一四年九月、全国に先駆けてヘイト・スピーチに関する意見書を採択した。このためメディアでは国立市条例もヘイト・スピーチ条例と報じられた。

人権条例は各地に前例がある。一九八五年の島本町（大阪府）の人権擁護に関する基本条例、同年一〇月の大阪府人権条例などが初期の条例であり、都道府県では、栃木県、福井県、三重県、滋賀県、奈良県、和歌山県、鳥取県、香川県、徳島県、愛媛県、高知県、福岡県、佐賀県、熊本県の条例が知られる。市町村レベルでも多数の前例があるが、ヘイト・スピーチを念頭に入れた点で国立市条例は特筆に値すると言えよう。

国立市条例前文は、市の基本理念としての「人間を大切にする」こと、及び平和都市宣言を再確認し、日本国憲法、障害者差別解消法、ヘイト・スピーチ解消法、部落差別解消法が制定され、「地方自治体においても、地域の実情に応じた差別解消を推進するための更なる取組が求められている」とし、ソーシャル・インクルージョン、多様性、個人の人権尊重、相互理解と協力を掲げ、「今もなお、人種、皮膚の色、民族、国籍、信条、性別、性的指向、性自認、しょうがい、疾病、職業、年齢、被差別部落出身その他経歴等を理由とした不当な差別や暴力等の人権侵害が存在し、日常の暮らしの脅威となっている。また、一人一人の多様性に対する無理解と無関心に起因して、争いや衝突が生じている。そして、この人権侵害や争い等については、誰もが、無意識的に又は間接的に当事者となる可能性を持つ」とする。

国立市条例は目的（第一条）、基本原則（第二条）、不当な差別及び暴力の禁止（第三条）、市長の使命（第四条）、市の責務（第五条）、市民の権利（第六条）、市民の責務（第七条）、事業者等の責務（第八条）、基本方針（第九条）、推進計画（第一〇条）、実態調査の実施（第一一条）、人権救済のための措置（第一二条）、教育及び啓発活動（第一三条）、推進体制の充実（第一四条）、くにたち平和の日及びくにたち平和推進週間（第一五条）、審議会の設置（第一六条）、委任（第一七条）から成る。

国立市条例は包括的な人権条例であるが、ヘイト・スピーチ対策をも考慮に入れて策定された。顕著な特徴は次の通りである。

第一に、不当な差別の禁止であり、国立市条例第三条は次のように定める。

国立市条例第三条　何人も、人種、皮膚の色、民族、国籍、信条、性別、性的指向、性自認、しょうがい、疾病、職業、年齢、被差別部落出身その他経歴等を理由とした差別（以下「不当な差別」

という）を行ってはならない。

2 何人も、いかなる暴力（身体に対する不法な攻撃及びこれに準ずる心身に有害な影響を及ぼす言動をいう）も行ってはならない。

① 不当な差別の禁止には、ヘイト・スピーチが含まれると読むことができる。

② 差別の動機・理由に、人種等に加えて、「性的指向、性自認、しょうがい、疾病、職業、年齢、被差別部落出身その他経歴等」が列挙されている。

③ 第三条二項の暴力には「心身に有害な影響を及ぼす言動」が含まれる。セクシュアル・ハラスメントやヘイト・スピーチが入ると読める。

第二に、第六条は「全ての市民は、社会的孤立や排除から援護され、地域社会の一員として、互いに認め支え合うとともに、自分らしく生きる権利を有する。」と定める。憲法第一三条の個人の尊重条項を国立流に拡充した規定と言える。

第三に、国立市条例は人権救済を掲げる。第九条二項は、基本方針に掲げるべき六項目を列挙しているが、その一つに「人権救済及び相談支援の体制に関すること」がある。第一二条一項は「市は、地域の実情に応じて、国等の関係行政機関及び市民等と連携し、不当な差別の解消を始めとする人権救済のために必要な措置を講ずるものとする」と定める（本書第七章参照）。同条二項は審議会による調査及び審議を明示している。

2　世田谷区条例

世田谷区は二〇一八年三月、「世田谷区多様性を認め合い男女共同参画と多文化共生を推進する条例（以下「世田谷区条例」）」を制定した。多文化共生とあるように外国人に対する差別も対象とされている。また、「性自認、性的指向等のあり方が少数と認められる人々」として性的マイノリティの権利を謳ったことでメディアの注目を集めた。

世田谷区条例は目的（第一条）、定義（第二条）、基本理念（第三条）、区の責務（第四条）、区民の責務（第五条）、事業者の責務（第六条）、性別等の違い又は国籍、民族等の異なる人々の文化的違いによる差別の解消等（第七条）、基本的施策（第八条）、行動計画（第九条）、世田谷区男女共同参画・多文化共生推進審議会（第一〇条）、苦情の申立て等（第一一条）、世田谷区男女共同参画・多文化共生苦情処理委員（第一二条）、委任（第一三条）から成る。

外国人等への差別については、第八条の基本的施策に「外国人、日本国籍を有する外国出身者等（以下「外国人等」という）への情報の多言語化等によるコミュニケーション支援」、「外国人等が安心して安全に暮らせるための生活支援」、「外国人等との交流の促進等による多文化共生の地域づくりの推進」、「外国人等の社会参画及び社会における活躍を推進するための支援」、「国籍、民族等の異なる人々の文化的違いによる偏見又は不当な差別の解消」が列挙されている。

また教育及び啓発についても、第八条二項に「区長は、前項に定める基本的施策を効果的に推進するため、必要な教育又は啓発を積極的に行うものとする」と明記されている。

「逐条解説」と銘打った「世田谷区多様性を認め合い男女共同参画と多文化共生を推進する条例解説（第二版）」（生活文化部・人権・男女共同参画担当課・国際課、二〇一九年四月）には、上記の「国籍、民族等の異なる人々の文化的違いによる偏見又は不当な差別の解消」について「多様な文化を理解し合える交流イベント等を開催し、区民一人ひとりが互いの文化について相互理解を深め、人権を尊重し合いながら共に暮らしていける多文化共生の意識づくりを推進します」と、一般的な記載しかない。性差別や性的マイノリティ差別に関する記載には見るべきものがあるが、ヘイト・スピーチへの関心は薄いように見える。

3　東京都条例

東京都は二〇一八年一〇月、「東京都オリンピック憲章にうたわれる人権尊重の理念の実現を目指す条例（以下「東京都条例」）」を採択した。東京都条例はオリンピックを契機とした条例であるとともに、「第二章　多様な性の理解の推進」で性自認及び性的指向に関する人権尊重を掲げたので「ＬＧＢＴ条例」とも呼ばれる。東京都条例は「第三章　本邦外出身者に対する不当な差別的言動の解消に向けた取組の推進」においてヘイト・スピーチに関連する規定を置いている。東京都条例第八条は次のように定める。

東京都条例第八条　都は、本邦外出身者に対する不当な差別的言動の解消に向けた取組の推進に関する法律第四条第二項に基づき、都の実情に応じた施策を講ずることにより、不当な差別的言動の解消を図るものとする。

ヘイト・スピーチ解消法を受けたことを明示した上で次の三ヵ条を掲げる。

東京都条例第一〇条　都は、不当な差別的言動を解消するための啓発等を推進するものとする。

第一一条　知事は、公の施設において不当な差別的言動が行われることを防止するため、公の施設の利用制限について基準を定めるものとする。
第一二条　知事は、次に掲げる表現活動が不当な差別的言動に該当すると認めるときは、事案の内容に即して当該表現活動に係る表現の内容の拡散を防止するために必要な措置を講ずるとともに、当該表現活動の概要等を公表するものとする。ただし、公表することにより第八条の趣旨を阻害すると認められるときその他特別の理由があると認められるときは、公表しないことができる。
一　都の区域内で行われた表現活動
二　都の区域外で行われた表現活動（都の区域内で行われたことが明らかでないものを含む）で次のいずれかに該当するもの
ア　都民等に関する表現活動
イ　アに掲げる表現活動以外のものであって、都の区域内で行われた表現活動に係る表現の内容を都の区域内に拡散するもの
2　前項の規定による措置及び公表は、都民等の申出又は職権により行うものとする。
3　知事は、第一項の規定による公表を行うに当たっては、当該不当な差別的言動の内容が拡散することのないよう十分に留意しなければならない。
4　第一項の規定による公表は、インターネットを利用する方法その他知事が認める方法に

より行うものとする。

特徴の第一として、啓発活動の規定を置いているが、調査、相談、教育については言及がない。第二に、ヘイト・スピーチ防止のために公の施設の利用制限について基準を定めることを条例に定めている（この点は本書第五章参照）。

第三に、拡散防止措置と公表を掲げているのは大阪型と言えよう。

4　神戸市条例

神戸市は二〇一九年三月、「外国人に対する差別の解消と多文化共生社会の実現に関する条例（以下「神戸市条例」）」を制定した。

神戸市条例前文は「多文化共生は今や人類の平和と繁栄を実現するための共通の課題であり、故に国籍、人種、文化、宗教などの違いをもって不当な差別を助長し、扇動する行為を防止、解消することは人類共通の責務であるといえる」という一文で始まり、前文末尾では「外国人に対する不当な差別的言動をはじめとするあらゆる不当な差別を解消すること」を目的としているので、ヘイト・スピーチ対策を意識した条例と言える。

神戸市条例は目的（第一条）、定義（第二条）、市民の責務（第三条）、相談体制の整備（第四条）、教育の充実等（第五条）、啓発活動等（第六条）、情報提供（第七条）、財政上の措置（第八条）、議会への報告（第九条）から成る。情報提供、財政上の措置、議会への報告は、大阪市条例や国立市条例には明記されていないが、同様の趣旨が含まれていると理解するべきだろう。

神戸市ウエブサイトには同条例の英語訳、中国語訳、韓国語訳が掲載されている。他の自治体でも今後、神戸方式を採用するべきであろう。

ヘイト・スピーチ解消法は被害者救済に言及していない。大阪市条例では、被害者救済の措置は断念された。国立市条例は人権救済を掲げている。その具体的内容は示されていないが、審議会が検討することとされている。世田谷区条例、東京都条例及び神戸市条例は人権侵害被害者の救済を意識しているが、具体的記載はない（救済について本書第七章）。

四　罰則――川崎市型

川崎市は二〇一九年六月、「差別のない人権尊重のまちづくり条例」の条例素案を議会に提出した（以下「川崎市条例素案」）。川崎市条例素案はヘイト・スピーチを「禁止」し、日本で初めてヘイト・スピーチに対して実効的な措置（罰金上限五〇万円）を盛り込んだ。同年一一月から議会での審議が始まる見込みである（本書第一章参照）。

川崎市条例素案はヘイト・スピーチを禁止し、違反があった場合に罰則を適用することも射程に入れている。運用手続きは勧告・命令・公表の三段階である。

① 一回目の違反があった場合、市長は差別防止対策等審査会の意見を聴いた上で、同様の違反行為を行ってはならない旨を勧告する。

② 二回目の違反があった場合、市長は差別防止対策等審査会の意見を聴いた上で、違反行為を行ってはならない旨を命ずる。

③ 三回目の違反があった場合、市長は、公表される者にその理由を通知し、その者が意見を述べ、証拠を提示する機会を与えた上で、命令に従わなかった時、氏名や、命令の内容その他規則で定める事項を公表する。

その上で罰則が設けられている。当該命令に違反した者は五〇万円以下の罰金、法人等の場合には、行為者を罰するほか法人等も罰する（両罰規定）。

川崎市条例素案はヘイト・スピーチに対して初めて罰則を設ける画期的な案である。

ヘイト・スピーチ解消法は「ヘイト・スピーチを許さない」としながら、禁止はせず罰則も用意されていない。大阪市条例は氏名公表に限定し、国立市条例は調査、啓発、人権救済を設けたが、罰則は用意していない。

川崎市条例素案の背景には、ヘイト・スピーチ解消法制定後もヘイト・スピーチがなくなっていないこと、特に二〇一九年春の統一地方選挙において選挙運動を口実にした悪質なヘイト・スピーチが続いたことがある。ヘイト・スピーチ解消法は禁止規定も罰則規定もないため、現場でヘイト・スピーチを止めることができない。また二〇一八年八月に開催された国連人種差別撤廃委員会から、日本政府に対して「ヘイト・スピーチを許さないというのなら、許さないために罰則が必要」との改善勧告が出された。

師岡康子（弁護士）は川崎市条例素案の意義を次のように指摘する。

「川崎市が解消法にない罰則規定まで素案に入れたことは、市が差別主義者たちの攻撃の矢面に立ち、裁判で訴えられることも含めて自らが被害者の盾となり闘う姿勢の現れといえる。川崎のみならず、全国の差別に苦しむ人々のいつ終わるともしれない絶望の闇を照らす英断である」（師岡康子「日本の法制史上初、ヘイト・スピーチに刑事罰」『週刊金曜日』一二四一号、二〇一九年）

日本国憲法はヘイト・スピーチを受けない権利を保障している（本書第三章）。日本国憲法に従って表現の自由を保障するためにもヘイト・スピーチの刑事規制が不可欠である。

国際人権法はヘイト・スピーチ処罰を要請している。国際自由権規約第二〇条二項はヘイト・スピーチの違法化を要請し、人種差別撤廃条約第四条はヘイト・スピーチの犯罪化を要請している。

ヘイト・スピーチ処罰は国際社会の常識である。世界の一二〇カ国以上にヘイト・スピーチ処罰規定があり、その多くは基本法たる刑法典に、殺人、傷害、窃盗、強盗などの基本犯罪と並んで規定されている。ＥＵ議会は加盟国にヘイト・スピーチ処罰を要請し、現にすべての加盟国が重大なヘイト・スピーチを処罰している（『序説』第七章及び第八章、『原論』第六章参照）。ヘイト・スピーチ処罰は民主主義実現の条件と言ってよい。

この観点から見ると、川崎市条例素案が勧告・命令・公表の三段階手続きを用意していることは迂遠であり、国際常識に合致しない。国際常識では、一度目のヘイト・スピーチを処罰しうる。川崎市条例素案は「二回目まではヘイト・スピーチを許す」という文言になっている。

これは現状ではやむを得ない限界である。第一に、ヘイト・スピーチ解消法が罰則を用意していない。

図表8　人権条例比較一覧

	公表	調査	相談	教育	啓発	財政	罰則
大阪市	○	△	–	–	○	–	–
国立市	○	○	○	○	○	–	–
世田谷区	–	△	○	○	○	–	–
東京都	○	–	–	–	○	–	–
神戸市	–	–	○	○	○	○	–
川崎市素案	○	○	○	○	○	–	○

図表９　ヘイトスピーチ犯罪の法定刑一覧

アイスランド	中傷、侮辱	罰金又は２年以下の刑事施設収容
エストニア	憎悪煽動	３年以下の刑事施設収容
アルバニア	歴史否定発言	３年以上６年以下の刑事施設収容
	人種主義文書配布	罰金又は２年以下の刑事施設収容
イギリス	憎悪煽動	２年以上７年以下の刑事施設収容
ポルトガル	差別・憎悪煽動	１年以上８年以下の刑事施設収容
	歴史否定発言	６月以上５年以下の刑事施設収容
オーストリア	公然煽動・激励	２年以下の刑事責任
スウェーデン	煽動	２年以下の刑事施設収容
	重大な場合	６月以上４年以下の刑事施設収容

図表10　ヘイト・スピーチ法の適用事例

スイス	１９９８年、連邦最高裁は、ナチスドイツが人間殲滅にガス室を使用したことに疑いをはさむ発言をした歴史修正主義者に　15　カ月の刑事施設収容と８０００フランの罰金とした。
ポーランド	２００４年、タルノフゼク地裁は、カギ十字を描いた赤旗を掲げて国家をファシズム化することを公然と促進した被告人に　12　カ月の自由制限刑及び４０時間の社会奉仕命令を言い渡した。
オランダ	２００６年、ブレダ地裁は、皮膚の色の黒い女性に向かって「ホワイトパワーは永遠よ、いまこそホワイトパワーよ」と叫んだ若い女性に、罰金５００ユーロを言い渡した。
イタリア	２００９年、ヴェニス司法裁判所は、集会で移住者に対する侮辱的言葉を侮辱的調子で用いたトレヴィソ副市長に４０００ユーロの罰金及び３年間の公共集会参加禁止を言い渡した。
ドイツ	２００８年、連邦内務大臣は団体「人間大学」、「農民救援」及び「ホロコースト追跡再建協会」を禁止した。２００９年、「ドイツ忠誠青年団」を、２０１１年「ドイツ国民政治犯救援組織（HNG）」を禁止した。
スロヴェニア	２０１０年、リュブリアナ高裁は、あるロマ家族に向けられた憎悪と不寛容の煽動犯罪で被告人に３月の刑事施設収容・２年の執行猶予とした。
モルドヴァ	２０１１年、ファレスチのアフガニスタン及びトランスニストリアで戦死した兵士記念メモリアルの銘文破壊の罪で被告人に罰金が言渡された。

地方自治体としては、法律の範囲でできることを追及するしかない。第二に、現在の議論状況では、ヘイト・スピーチを表現の自由と勘違いする意見がいまだに多く見られる。特に影響力の大きい憲法学者やジャーナリストがヘイト・スピーチ処罰に強く反対している。それゆえ川崎市条例素案は、命令違反を処罰する形式をとらざるを得なかった。

日本ではヘイト・スピーチが表現の自由とされ、刑事規制の対象とされてこなかったため、刑法の国際常識がほとんど知られていない。ヘイト・スピーチにはどのような刑罰が科されるべきなのかについてもほとんど研究されていない。参考のため法定刑と適用事例について図表9及び10を掲げておく（詳しくは『序説』第八章及び第九章、『原論』第七章及び第八章）。

五　相談と調査

1　相談

ヘイト・スピーチ解消法第五条は次のように定める。

ヘイト・スピーチ解消法第五条　国は、本邦外出身者に対する不当な差別的言動に関する相談に的確に応ずると共に、これに関する紛争の防止又は解決を図ることができるよう、必要な体制を整備するものとする。

地方公共団体は、国との適切な役割分担を踏まえて、当該地域の実情に応じ、本邦外出身者に対する不当な差別的言動に関する相談に的確に応ずると共に、これに関する紛争の防止又は解決を図ることができるよう、必要な体制を整備するよう努めるものとする。

この規定に従って法務省は、ヘイト・スピーチに関連して外国人に対する意識調査を行い、法律の解釈についての参考資料を公表するなど、順次「必要な体制を整備する」よう努めている。二〇一六年九月三〇日の人権教育・啓発中央省庁連絡協議会ヘイト・スピーチ専門部会第一回会合の議事要旨には具体的な記載はない。同会合に提出された資料「地方公共団体の取組内容」には「地方公共団体からの意見・要望」として、次のような要望が出されている。

「国と地方公共団体との役割分担について、地方公共団体の意見を十分にふまえた上で、具体的に示してほしい。ヘイト・スピーチに関する相談は、相談件数が限られる一方、その解決には専門的な知識やノウハウが必要となることから、人権侵犯の有無にかかわらず、人権擁護機関である国が主導的な役割を果たしてほしい」

「相談体制の整備について①国における体制整備　人権擁護機関としてどのような体制を整備されるのか？　また、関係省庁（中央・地方）との連携をどのように図るのか？②地方公共団体における体制整備　人権擁護機関として、地方における相談体制をどのように考えているのか（地域差があるとして、各地方公共団体に最低限これだけはやってほしいというようなことなど）？③相談体制における国と地方公共団体の連携確保　地方公共団体が受けた相談の国への引き継ぎなど、相談者本位の立場から迅速・確実な解決に結び付く連携を、どのように確保するのか？」

「人権侵害に関する行政機関の相談については、国の人権擁護機関が担っているところであり、ヘイト・スピーチによる人権侵害について、国の体制がどのように整備・充実されるのか（ヘイト・スピーチ解消法施行前と何が変わるのか）伺いたい。

併せて、地方公共団体（都道府県・市町村）における相談体制の整備水準や国の相談窓口との連携確保について、具体的な考え方を伺いたい」

公表された記録では、自治体からの問いかけに国がどのように回答したのかがわからない。伝聞情報によると、国からの応答はほとんどなかったという。まだ手探りの状態なのかもしれない。

国立市条例第九条は「基本方針」の策定を定めるが、その中に「人権救済及び相談支援の体制に関すること」が含まれる。

神戸市条例は「相談体制の整備」として、次のように定める。

神戸市条例第四条　市は、外国人に対する不当な差別に関する相談に的確に応ずるとともに、国又は関係機関との連携により、必要な相談体制の拡充に努めるものとする。

大阪市条例には同様の規定はないが、ヘイト・スピーチ拡散防止措置を講じるには被害者等からの通知が不可欠であり、それを受けて審査会が審議するのであるから、市民や被害者からの相談を行う趣旨であると言えよう。

川崎市条例素案は「差別のない人権尊重のまちづくり」のため「人権に関する施策の基本となる事項を定める」とし、市は「人権に関する施策を総合的かつ計画的に推進する」とし、「人権施策推進基本計画」において、人権に関する施策の基本理念、基本目標、基本的施策、その他人権に関する施策について盛り込むこととしている。そして「市は、関係機関等と連携し、インターネットを利用した不当な差別その他の人権侵害を受けた者に対する相談の実施その他必要な支援に努める」としている。

以上のように、ヘイト・スピーチ解消法も各地の条例も、相談体制の整備を人権施策の柱に位置づけている。東京都条例には相談の明文はないが、相談受付体制を整えることは意識しているようである。

具体的にどのような措置が実施されるのかは必ずしも明らかでない。

法務省にはもともと人権擁護局があり、人権が侵害された時の相談体制を整備してきた。みんなの人権110番、子どもの人権110番、女性の人権ホットライン、外国語人権相談ダイヤル、インターネット人権相談などである。外国語による相談受付として、Telephone Counseling、Counseling on the Internet、Face-to-face Counselingも用意されている。ヘイト・スピーチに関する相談もこれらの窓口を通じて行われるのであろう。

多くの自治体においても人権擁護を担当する部局は従来から存在する。

例えば大阪市には、市民局ダイバーシティ推進室・人権企画課があり、大阪市条例制定に伴ってヘイト・スピーチ審査会が設置された。国立市には、政策経営部市長室・平和・人権・ダイバーシティ推進係があり、国立市条例制定に伴って人権・平和のまちづくり審議会が設置された。自治体にはもともと人権部局があるが、今回新たに人権条例やヘイト・スピーチ条例が制定された。従来の人権部局の担当事務が一つ増えただけにとどまるのか、それともヘイト・スピーチ対策を積極的に行うかは、基本計画等の策定や当該自治体の状況によって異なるであろう。

第一に、人種・民族差別等の実態、特に被害者の状況について、従来の自治体人権部局は必ずしも十分な情報を保有しているとは言えない。

第二に、差別やヘイト・スピーチに関連する憲法、国内法、国際人権法の基礎知識を身につける研修が必須である。

第三に、差別やヘイト・スピーチに関連して人権擁護に取り組んできたNGOや、被害当事者（団体）との連携・協議が不可欠である。従来、行政はともすれば一方当事者側のNGOや団体との連携・協議を避ける傾向があった。だが差別やヘイト・スピーチ問題では、行政は「差別を許さない」「ヘイト・スピーチを許さない」という立場で対処しなければならない。そのためにはNGOや被害者団体との連携・協議が必要不可欠である。

なお神戸市条例第六条は「財政上の措置」として次のように定める。

神戸市条例第六条　市は、この条例の目的を達成するために必要な財政上の措置を講ずるよう努めるものとする。

大阪市条例、国立市条例及び川崎市条例素案には財政に関する言及はない。各条例は調査、相談、教育の充実、啓発活動などを掲げているので、財政上の措置を講じることは当然のことである。とはいえ財政に余裕があるわけではないから、神戸市条例のように財政上の措置を講ずると明記していないと、財政的な裏付けのないまま人権施策を講じることになり、かけ声だけになってしまう恐れがある。今後の自治体条例では財政上の措置を明記する必要があるのではないだろうか。

2　調査

ヘイト・スピーチ解消法には調査に関する特段の規定はないが、法務省は二〇一七年一〇月に実施した「人権擁護に関する世論調査」においてヘイト・スピーチに関する調査も行った（実施は内閣府大臣官房政府広報室）。

また二〇一六年九月、政府に人権教育・啓発中央省庁連絡協議会ヘイト・スピーチ専門部会が設置され、法務省人権擁護局が中心となって関係省庁及び地方公共団体との間で，ヘイト・スピーチに係る取り組みの情報共有等を行っている。

国立市条例第一一条は「実態調査の実施」として次のように定める。

国立市条例第一一条　市は、人権・平和のまちづくりの推進に関して、必要な実態調査を行い、市の施策に反映させるものとする。

大阪市条例第七条は「審査会の設置」として、次のように定める。

大阪市条例第七条　前条第一項から第四項までの規定によりその権限に属するものとされた事項について、諮問に応じて調査審議をし、又は報告に対して意見を述べさせるため、市長の附属機関として審査会を置く。

2　審査会は、前項に定めるもののほか、この条例の施行に関する重要な事項について、市長の諮問に応じて調査審議をするとともに、市長に意見を述べることができる。

審査会は「市長の諮問に応じて調査審議する」とあり、審査会から市長に諮問を出すよう要請することも可能であろう。審査会による調査が予定されていると言える。

神戸市条例には調査に関する条項は見られないが、基本的施策を定め、相談体制や教育を整備し、外国人に必要な情報を提供し、議会へ報告することを定めていることから、当然、担当部局による調査が予定されていると言えよう。

川崎市条例素案は「市は、不当な差別を解消するための施策その他の人権に関する施策を効果的に実施するため、必要な情報の収集及び調査研究を行う」とする。

前項の相談の前提としても、次項以下の教育等の検討のためにも、人権状況やヘイト・スピーチに関する調査が不可欠である。今後、各自治体において日頃から関連情報の調査が進められる必要がある。

第一に、人種・民族差別等の実態等の調査は出発点である。自治体における本邦外出身者の居住状況、就業状況、就学状況についての調査も必要である。その際、一方で個人情報保護の要請に留意しなければならないことは言うまでもない。

第二に、差別やヘイト・スピーチに関連する憲法、国内法、国際人権法の基礎知識を身につけるため調査を行う必要がある。憲法学や国際人権法学における研究の最新情報を的確にふまえる努力が求められる。

第三に、差別やヘイト・スピーチに関連しては被害当事者（団体）や、人権擁護に取り組んできたNGOからの情報提供が不可欠である。被害当事者からの情報なしに調査は不可能である。調査に当たっての視点や方法に関しても、自治体が独自のノウハウを持っているわけではないから、NGOの協力が不可欠である。

六　教育と啓発活動

1　教育

ヘイト・スピーチ解消法第六条は「教育の充実等」として次のように定める。

ヘイト・スピーチ解消法第六条　国は、本邦外出身者に対する不当な差別的言動を解消するための教育活動を実施するとともに、そのために必要な取組を行うものとする。

地方公共団体は、国との適切な役割分担を踏まえて、当該地域の実情に応じ、本邦外出身者に対する不当な差別的言動を解消するための教育活動を実施するとともに、そのために必要な取組を行うよう努めるものとする。

人権教育については従来から被差別部落に関連して「同和教育」の歴史があり、「人権教育」として継続してきた。

二〇〇〇年一二月、人権教育及び人権啓発の推進に関する法律（以下「人権教育啓発法」）が制定された。同法第一条は「目的」として次のように定める。

人権教育啓発法第一条　この法律は、人権の尊重の緊要性に関する認識の高まり、社会的身分、門地、人種、信条又は性別による不当な差別の発生等の人権侵害の現状その他人権の擁護に関する内外の情勢にかんがみ、人権教育及び人権啓発に関する施策の推進について、国、地方公共団体及び国民の責務を明らかにするとともに、必要な措置を定め、もって人権の擁護に資することを目的とする。

文部科学省では、学校における人権教育について初等中等教育局児童生徒課、それ以外の人権教育について生涯学習政策局社会教育課がこれを担当し、人権教育に関する施策が推進されてきた。

また二〇〇二年三月、同法に基づく「人権教育・啓発に関する基本計画」が閣議決定され、二〇一一年四月に一部変更の閣議決定が成された。基本計画では、人権教育・啓発の基本的在り方、推進方策が策定され、「各人権課題に関する取組」として女性、子ども、高齢者、障がい者、同和問題、アイヌの人々、外国人、HIV感染者・ハンセン病患者等、刑を終えて出所した人、犯罪被害者等、インターネットによる人権侵害、北朝鮮による拉致問題等が列挙されている。

このうち外国人に関しては、外国人に対する偏見や差別意識の解消、異文化の尊重、就労差別や入居差別、在日朝鮮人児童・生徒への暴力や嫌がらせ等の問題があることが明記されているが、まだヘイト・クライム／スピーチという位置づけは見られない。

インターネットによる人権侵害に関しては、「他人を誹謗中傷する表現や差別を助長する表現等の個人や集団にとって有害な情報の掲載、少年被疑者の実名・顔写真の掲載など、人権にかかわる問題が発生している」とし、「憲法の保障する表現の自由に十分配慮すべきことは当然であるが、一般に許される限度を超えて他人の人権を侵害する悪質な事案に対しては、発信者が判明する場合は、同人に対する啓発を通じて侵害状況の排除に努め、また、発信者を特定できない場合は、プロバイダーに対して当該情報等の停止・削除を申し入れるなど、業界の自主規制を促すことにより個別的な対応を図っている」としていた。ヘイト・スピーチ解消法制定以前にこのように示されていたので、解消法制定以後に「人権教育・啓発に関する基本計画」の見直しがどのように進められているのか注目される。

国立市条例第一三条は「教育及び啓発活動」として次のように定める。

国立市条例第一三条　市は、学校教育、社会教育その他の生涯を通じたあらゆる教育の場において、豊かな人権感覚の育成と平和意識の醸成のために必要な取組を行うものとする。

2　市は、人権・平和のまちづくりの推進に関して、国内外及び地域の実情に応じた啓発活動に努めるものとする。

神戸市条例第五条は「教育の充実等」として次のように定める。

神戸市条例第五条　市は、国又は関係機関との連携により、外国人に対する不当な差別を解消するための教育活動を実施するとともに、そのために必要な取組を行うよう努めるものとする。

川崎市条例素案は「市は、不当な差別を解消し、人権尊重のまちづくりに対する市民及び事業者の理解を深めるため、人権教育及び人権啓発を推進する」とする。

いずれも「人権感覚の育成」「外国人に対する不当な差別を解消するため」「不当な差別を解消」するために教育活動を充実させる趣旨である。東京都条例には教育に関する条項はない。

条例には具体的方策が示されていないので、今後の検討課題である。同和教育や人権教育の実践経験を十分に持つ自治体もあれば、そうした実践を必ずしも積み上げてこなかった自治体もあると思われるが、政府の「人権教育・啓発に関する基本計画」をふまえつつ、ヘイト・スピーチ解消法が述べるように「当該地域の実情に応じた施策」として人権教育を実施しうるように、教育課程や教育実践例の調査、情報共有が必要である（本書第六章参照）。

2　啓発活動

ヘイト・スピーチ解消法第七条は「啓発活動等」として次のように定める。

ヘイト・スピーチ解消法第七条　国は、本邦外出身者に対する不当な差別的言動の解消の必要性について、国民に周知し、その理解を深めることを目的とする広報その他の啓発活動を実施するとともに、そのために必要な取組を行うものとする。

地方公共団体は、国との適切な役割分担を踏まえて、当該地域の実情に応じ、本邦外出身者に対する不当な差別的言動の解消の必要性について、住民に周知し、その理解を深めることを目的とする広報その他の啓発活動を実施するとともに、そのために必要な取組を行うよう努めるものとする。

啓発活動については、前項の人権教育と同様に、政府は「人権教育・啓発に関する基本計画」を閣議決定している。基本計画の推進のため「地方公共団体等との連携・協力」として「人権教育・啓発の推進については、地方公共団体や公益法人、民間団体、企業等の果たす役割が極めて大きい。これらの団体等が、それぞれの分野及び立場において、必要に応じて有機的な連携を保ちながら、本基本計画の趣旨に沿った自主的な取組を展開することを期待するとともに、本基本計画の実施に当たっては、これらの団体等の取組や意見にも配慮する必要がある」としているが、一般論にとどまる。

ヘイト・スピーチに関して、法務省は「ヘイト・スピーチに焦点を当てた啓発活動」として「法務省の人権擁護機関では、ヘイト・スピーチがあってはならないことを皆さまに御理解いただき、かつ、他人事ではなく自分自身の問題として捉えていただけるよう、ヘイト・スピーチに焦点を当てた効果的でわかりやすい各種啓発・広報活動を行っています」とする。その具体例として、

①ポスター・リーフレットによる啓発、②啓発冊子による啓発、③インターネット広告による啓発、④スポット映像による啓発（YouTube）、⑤人権教室等の各種研修における啓発機会の充実、⑥相談窓口の周知広報の充実、を掲げている。

このうち人権教室についてみると、「いじめ等の人権問題について考える機会を作ること」が課題とされ、子どもに対する人権教室、大人に対する人権教室（企業研修）を実施してきた。

また人権スポーツ教室として、スポーツ組織と連携協力した人権啓発活動も行ってきた。国、地方公共団体、人権擁護委員組織体及びその他の人権啓発活動を行っている機関・団体等が、相互に連携協力することにより、人権啓発活動ネットワーク協議会が設立され、全国に展開している。ヘイト・スピーチに特化した取り組みはまだなされていないようである。

大阪市条例第三条は「啓発」として次のように定める。

大阪市条例第三条　本市は、ヘイト・スピーチが個人の尊厳を害し差別の意識を生じさせるおそれがあることに鑑み、ヘイト・スピーチによる人権侵害に関する市民の関心と理解を深めるための啓発を行うものとする。

国立市条例第一三条は「教育及び啓発活動」であり、同条第二項は次のように定める。

国立市条例第一三条　2　市は、人権・平和のまちづくりの推進に関して、国内外及び地域の実情に応じた啓発活動に努めるものとする。

東京都条例第一〇条は次のように規定する。

東京都条例第一〇条　都は、不当な差別的言動を解消するための啓発等を推進するものとする。

神戸市条例第四条は「啓発活動等」として次のように定める。

神戸市条例第四条　市は、国又は関係機関との連携により、外国人に対する不当な差別の解消の必要性について、市民に周知し、その理解を深めることを目的とする広報その他の啓発活動を実施するとともに、そのために必要な取組を行うよう努めるものとする。

2　市は、国籍や民族の違いを問わず、全ての人がお互いの違いを認め合う多文化共生社会を実現するという視点に立ち、多文化共生の基礎となる人権啓発を推進するよう努めるものとする。

川崎市条例素案は「市は、不当な差別を解消し、人権尊重のまちづくりに対する市民及び事業者の理解を深めるため、人権教育及び人権啓発を推進する」とする。

自治体による啓発活動も、調査、相談、教育等と同様に、従来から存在する人権擁護を担当する部局が中心に執り行うことになる。加えて、ヘイト・スピーチ審査会（大阪市）や人権・平和のまちづくり審議会（国立市）のように条例制定に伴って設置された機関が、従来からの担当部局と協力して進めることになる。

七　インターネット対策

ヘイト・スピーチ解消法はインターネット上のヘイト・スピーチについて特に言及していない。国際人権法はヘイト・スピーチの違法化・犯罪化を要請しているが、ヘイト・スピーチの手段・方法を問わないから、インターネット上のヘイト・スピーチの違法化・犯罪化が要請されている。現に圧倒的多数の諸国の刑事立法はインターネット上のヘイト・スピーチを犯罪としている（『序説』第八章参照)。

問題となるのは、第一に、証拠保全をはじめとする刑事手続き上の諸問題。第二に、外国のプロバイダーを利用してなされたヘイト・スピーチに対する裁判管轄権。第三に、犯罪であるか否かとは別に、インターネット上の差別的表現に関する対応(削除、削除要請、投稿者の個人情報の扱い)等である。EUレベルでは欧州人権条約のサイバー犯罪追加議定書等においてインターネット上のヘイト・スピーチに対処する手続きモデルが構築されてきた。

アメリカでは、ツイッター社が自主的にヘイト・スピーチ投稿の削除や、ヘイト投稿者のアカウント停止を進めてきた。

ドイツでは二〇一七年、「ドイツ・ネットワーク貫徹法」が制定され、ソーシャルメディアに対する法執行が強化された。明らかに違法な内容については二四時間以内に削除すること、微妙な問題については七日以内に削除すること等である(金尚均「ドイツにおけるヘイト・スピーチ対策」『国際人権ひろば』一三五号、二〇一七年)。

フランスでは二〇一九年七月九日、フェイスブックやグーグルなどIT企業に、明らかに違法なコンテンツがあった場合、閲覧者の通報から二四時間以内にヘイト投稿の削除を義務付けるヘイト投稿規制法が国民議会を通過した。法案は九月には上院を通過して成立する見通しだという(前田朗「ヘイトの共犯になってはならない」『マスコミ市民』二〇一九年八月号)。

日本での議論は始まったばかりであるが、ヘイト・スピーチ解消法制定に際して、両院で次のような附帯決議が成された。

参議院附帯決議

三　インターネットを通じて行われる本邦外出身者等に対する不当な差別的言動を助長し、又は誘発する行為の解消に向けた取組に関する施策を実施すること。

衆議院附帯決議

三　インターネットを通じて行われる本邦外出身者等に対する不当な差別的言動を助長し、又は誘発する行為の解消に向けた取組に関する施策を実施すること。

「施策を実施すること」とされているが、主体は明示されていない。両院附帯決議であるから、一義的には国において実施することという趣旨であろう。

二〇一六年九月三〇日の人権教育・啓発中央省庁連絡協議会ヘイト・スピーチ専門部会第一回会合の議事要旨を見ても、インターネット上のヘイト・スピーチについては取り上げられていない。

同会合に提出された資料「地方公共団体の取組内容」には「地方公共団体からの意見・要望」

として、「インターネットを通じて行われる本邦外出身者等に対する不当な差別的言動を助長し、又は誘発する行為（ヘイト・スピーチデモ動画のアップなど）の解消に向けた取組に関する施策を実施して欲しい」、「ヘイト・スピーチに関するインターネット上の情報について、拡散を防止するための効果的な対策を、法的措置も含めて早急に講じてもらいたい」との要望が出されている。

その理由・背景として次のように指摘されている。「インターネット上に掲載されたヘイト・スピーチの動画等の情報は、差別意識を拡大・再生産し続ける状況がある一方、被害者を特定できず個人による削除要請や人権侵犯事件としての中立が困難なケースもあるため、ヘイト・スピーチ解消法の定義に該当するか否かに関わらず、実効性のある拡散防止措置を早急に講じる必要があると考える」

さらに次のような要望も出されている。

「例えば全国どこでも誰でもアップロード、視聴できるインターネット上の不当な差別的表現に対して、各個人や各地方自治体がプロバイダを探し出し、個々の削除要請を行うことは困難です。国において不当な差別的表現をピックアップし削除要請していただく仕組みの構築をお願いいたします」

ところが、人権教育・啓発中央省庁連絡協議会ヘイト・スピーチ専門部会はその後二年間、開店休業状態となる。

二〇一八年一〇月二六日に開催された人権教育・啓発中央省庁連絡協議会ヘイト・スピーチ専門部会第二回会合の議事要旨には、法務省及び総務省からインターネット上の人権侵害情報に関連した報告がなされ、外務省から「国連人種差別撤廃委員会による日本政府報告審査におけるヘイト・スピーチに関する事項」について報告がされている。

法務省提出の議事資料には、一行だけ「インターネット事業者等との情報共有・意見交換」と記載されている。

総務省提出の議事資料には、「契約約款モデル条項の解説改訂の支援」及び「インターネット事業者等との情報共有・意見交換」との記載がある。

外務省提出の資料には、国連人種差別撤廃委員会から「インターネット及びメディアを通じたヘイト・スピーチに対処するための効果的な措置をとること」という勧告を受けたことが記載されている。

同会合に提出された資料「地方公共団体の取組内容」には「地方公共団体からの意見・要望」として、京都府や京都市の公共施設利用に関するガイドライン等の資料が提出されており、「尼崎市インターネットによる差別書き込みモニタリング事業について」という資料が含まれている。

「尼崎市では、平成二一年度からインターネットによる差別書込みモニタリング事業を開始しており、平成二七年度からは公益社団法人尼崎人権啓発協会への委託事業として実施している。」

モニタリング事業の実績として、八年間にわたる「差別書き込み件数」と「削除要請件数」の図表が掲載されている。

これによると、平成二二（二〇一〇）年度はそれぞれ157件、2件。平成二三年度10件、3件。平成二四年度は10件、1件。平成二五年度は3件、1件。平成二六年度は5件、0件。平成二七年度は4件、2件。平成二八年度は5件、2件。平成二九年度は119件、119件となっている。開始年度と最終年度の件数が100件を超えるのに対して、途中の年度では一桁の数字が並んでいる。モニタリングの精度にかなりのばらつきがあり、ここから何らかの結論を出すことは困難だが、調査の継続が望まれる。

以上のように人権教育・啓発中央省庁連絡協議会ヘイト・スピーチ専門部会はヘイト・スピーチ解消法制定後、二回の会合を持っているが、インターネット上のヘイト・スピーチについて地方自治体からの報告と質問があったものの、国からの指針や施策の具体例は示されていない。

次に各自治体の状況である。

大阪市条例は定義（第二条）において、条例に言う「表現活動」には「インターネットその他の高度情報通信ネットワークを利用して他の表現活動の内容を記録した文書図画又は画像等を不特定多数の者による閲覧又は視聴ができる状態に置くこと」を含むとしている。

大阪市条例の拡散防止の措置及び認識等の公表（第五条）には「市長は、事案の内容に即して当該表現活動に係る表現の内容の拡散を防止するために必要な措置をとる」とある。ここには氏名公表とは別に、インターネット上の当該表現の削除要請（依頼・通知）が含まれると解される。

「大阪市ヘイト・スピーチへの対処に関する条例Q＆A」には、条例の内容として「事案の内容に応じ、掲示物などの撤去やインターネット上の映像の削除の要請を行うこと」と明記している。

ヘイト・スピーチの内容として「道路など偶然通りかかった多くの人に聞こえるような場所で行われたものや、インターネットを通じて表現内容を公開する場合などを想定しています。また、仲間うちでの悪口程度の会話や、会員のみが参加できる集会での発言等は、不特定多数の者が表現の内容を知り得る状態にはあたらないので、基本的にはヘイト・スピーチに該当しないと考えられます。ただし、集会等の様子がインターネットで公開される場合は該当することになると考えられます」と解説している。

また拡散防止措置について「事案の内容に応じて判断することになりますが、例えば、表現内容が施設に掲示されているような場合は、施設管理者への看板や掲示物の撤去の要請を行うことや、インターネット上に書き込みがなされている場合は、プロバイダーに削除要請を行うことなどを想定しています」としている。

川崎市条例素案は「インターネット表現活動に係る拡散防止措置及び公表」として、具体的な措置を掲げている。

第一に、対象である。

① 市の区域内で行われたインターネット表現活動。

② 市の区域外で行われたインターネット表現活動であって、表現の内容が特定の市民等を対象としているもの。

③ 市の区域外で行われたインターネット表現活動であって、市の区域外で行われたものを市の区域内に拡散するもの。

第二に、拡散防止措置である。

① 市長は拡散を防止するために必要な措置を講ずる。

② 前項の措置を講じたとき、表現の内容の概要、講じた措置等を公表する。

国立市条例や神戸市条例にはインターネット上のヘイト・スピーチに関する記載はない。今後、先述の人権教育・啓発中央省庁連絡協議会ヘイト・スピーチ専門部会における国と地方公共団体の連携を踏まえ、また大阪市の実例に学びながら、それぞれの人権条例に基づいた基本計画等で具体化する試みがなされるものと思われる。

インターネットは自治体レベルでの対応は難しい面がある。それどころか国境を超える性格から、一国レベルでの対応も十分ではない。欧州諸国では国際協力が様々に進められている。今後の重要課題である。

第五章

公の施設利用ガイドライン

一　経過と問題点

ヘイト・スピーチの刑事規制や、インターネット上のヘイト・スピーチへの対処とともに、地方自治体が対処に苦慮してきたのが、ヘイト団体によるヘイト目的集会のために公の施設の利用を認めるべきか。利用許可に関する判断基準や手続きをどうするかという問題がある。具体的には次の3つの事例である。

①　ヘイト・デモのための道路の利用
②　ヘイト・デモのための公園の利用
③　ヘイト集会のための公の施設の利用

同じヘイト・デモやヘイト集会であっても、これらは適用される法令が異なるため、別領域の問題として区別されて論じられてきた。

1　ヘイト・デモのための道路の利用

デモの場合、主に公安条例の適用が問題となるため、公安委員会による従前の公安条例の適用と同じ判断基準と手続きで実施されてきた。

いわゆる「公安条例」とは、地方公共団体が制定した、集会、集団行進、集団示威運動の規制に関する条例である。公共の安全と秩序を維持することを目的として制定されたものであり、一般に「公安条例」と呼ばれる。

ここでは公共の安全と秩序の維持が目的であり、他の交通の妨げになるか否か、道路周辺住民の生活妨害になるか否か、警察による管理（デモ規制）の方式がどうかといった判断がなされる（『デモ！ オキュパイ！ 未来のための直接行動』三一書房）。このためヘイト目的のヘイト・デモであるか否かといった内実が問われることはない。マラソン大会も地域のお祭り行事もヘイト・デモも同じ基準の下で判断される。そして各地の公安委員会はヘイト・デモに許可を与えてきた。

新大久保におけるヘイト・デモについて、多くの市民が公安委員会に「ヘイト・デモに許可を出さないよう」申し入れをしたが、ヘイトや差別であるといった理由は公安条例には記載されていないため、公安委員会はヘイト・デモに許可を出し続けた。

二〇一三年九月以後、新大久保に向けたヘイト・デモ申請がなくなった。デモ隊とカウンター勢力の衝突によって現場が騒然とし、「公共の安全と秩序の維持」に妨げとなったため、両陣営から逮捕者が続出する事態となった。このため公安委員会がヘイト団体に申請を出さないよう「事実上の指導」をしたと言う。他の各地では今日に至るまで、ヘイト・デモに許可が出ている。

2　ヘイト・デモのための公園の利用

デモの出発点（及び終着点）として市立公園など、地方自治体が管理する公園が利用されてきた（指定管理者を通じての場合を含む）。

川崎市桜本に向けてのデモが社会的注目を集めるようになった二〇一六年春、ヘイト・デモのための公園利用許可を出さないよう求める市民の声が大きくなった。これを受けての一連の流れは全国的な注目を集めた。

二〇一六年五月三〇日、川崎市は、六月五日に予定されたデモの公園使用許可申請に対して不許可決定をした。これまでの経緯からヘイト・デモが行われる可能性が高いため「不当な差別的言動から市民の安全と尊厳を守るという観点から判断した」ものである。

続いて同年六月二日、横浜地裁川崎支部は、当該デモについて、ターゲットとされた地点から半径五〇〇メートル以内のデモを禁止する仮処分決定を出した。成立したばかりのヘイト・スピーチ解消法の定義に照らしてヘイト・スピーチに当たると認定し、不法行為になると判断した。

同年六月三日、神奈川県警と公安委員会は公安条例に基づいてヘイト・デモのために道路使用許可を出した。公安条例の判断に際してヘイト・スピーチか否かは考慮されないためである。

こうしてデモ当日を迎えた。六月五日、当該デモは、差別反対を唱えるカウンター側に数百名の市民が集結し、圧倒的な圧力により中止となった。警備に当たった警察もデモ主催者にデモ実施は危険であるとして中止を説得したという。

3　ヘイト集会のための公の施設利用

二〇〇九〜一〇年頃の京都朝鮮学校襲撃事件、徳島県教組襲撃事件、水平社博物館差別街宣事件の後、屋内におけるヘイト集会のための市民会館など公の施設の利用が各地に急速に広がった。露骨な差別表現を伴う集会にどのように対処するべきか、各地の自治体は苦慮した。

地方自治法第二四四条が住民による公の施設利用の権利性及び非差別を強調しているためである。同条は次のように定める。

地方自治法第二四四条　普通地方公共団体は、住民の福祉を増進する目的をもってその利用に供するための施設（これを公の施設という）を設けるものとする。

2　普通地方公共団体（次条第三項に規定する指定管理者を含む。次項において同じ）は、正当な理由がない限り、住民が公の施設を利用することを拒んではならない。

3　普通地方公共団体は、住民が公の施設を利用することについて、不当な差別的取扱いをしてはならない。

住民には集会・結社の自由があり（憲法第二一条）、公の施設を利用する権利がある。「正当な理由がない限り」、施設利用を拒むことはできない。「正当な理由」とは何かが問題となる。従来、「正当な理由」とは、主に物理的に施設を損傷し、他の利用者や周辺住民の生活を妨害するような危険性を帯びた場合を指すと理解されてきた。

住民には集会・結社の自由があり、施設利用に関して「不当な差別的取扱いをしてはならない」。住民による差別集会やヘイト集会であっても、施設利用を拒むことはできない。ヘイト集会であることを理由として施設利用を拒めば「不当な差別的取扱い」をしたことになるという結論が、いつの間にか浸透してきた。ヘイト集会の施設利用を拒否して全国的に大きく報道されたのは門真市民会館事件（本書次項）である（実際は山形県生涯学習センターが利用を拒否したのが最初である）。その後、各地の自治体において議論が続き、二〇一五年の大阪市審議会や、二〇一七年の川崎市審議会の議論を通じて、徐々に問題点と方向性が見えてきた。

二　条例の解釈（1）――門真型

二〇一四年五月二日、門真市は門真市民文化会館を在特会に利用させないことを決定した。同日公表の『門真市教育委員会の考え方について』には次のように記されている。

いかなる団体であれ、人種、民族、門地など人が生まれながらにして持ち、自ら選択する余地のない点や国籍などの属性を捉まえての差別行為は許されない

多くの子どもたちも利用する文化・教育の拠点である施設として、受け入れるべきではない

根拠規定の門真市人権尊重のまちづくり条例は「すべての人間は、生まれながらにして自由であり、かつ、尊厳と権利とについて平等であり、個人として尊重され、基本的人権の享有が保障されなければならない。これは、人類普遍の原理であり、世界人権宣言及び日本国憲法の理念とするところであり、かつ、私たちがともに守り、伸張させていかなければならないものである」、「一方、今日でもなお、人種、民族、信条、性別、社会的身分又は障害があることなどにより人権が侵害されている現実があり、また社会情勢の変化等により、人権に関する新たな課題も生じてきている。二一世紀を真に平和で豊かな『人権の世紀』とするためにも、私たち一人ひとりが人間

の尊厳を尊重し、すべての人の人権が保障されるまちづくりを実現することが、今まさに求められている」とした上で、「市は、前条の目的を達成するため、市民の自主性を尊重し、人権意識の高揚を図るための施策及び人権擁護に資する施策を積極的に推進するものとする」（第二条）としている。さらに「市民は、互いに人権を尊重し、自ら人権意識の向上に努めるとともに、市が実施する人権に関する施策に協力するよう努めるものとする」（第三条）としている。

第一に、人間の尊厳と権利の平等、人種・民族等による人権侵害の現実が明記されている。

第二に、市には人権擁護に資する施策を積極的に推進する責務があることが確認されている。

第三に、市民にも人権尊重のための協力を努力目標として掲げている。

それゆえ門真市は「差別行為は許されないという姿勢」に立ち、「多くの子どもたちも利用する文化・教育の拠点である施設として、受け入れるべきではない」と判断した。

施設管理条例を正当に解釈すれば、ヘイト目的のヘイト集会であることが明らかな場合には、利用を許可すべきでないという当然の結論が出る。

筆者は戸田ひさよし門真市議会議員（当時）の協力要請を受けて、「ヘイト目的のヘイト集会には公の施設を利用させるべきではない」という主張を送付した。そのため門真市から招請を受けて、門真市職員全職場研修として二〇〇名の職員にヘイト・スピーチに関する講演を行った。講演の趣旨は、①ヘイト・スピーチは重大深刻な被害を生む、②日本国憲法に照らしてヘイト・スピーチは許されない、④地方自治体はヘイト集会に協力してはならない、④門真市の条例の解釈は正当であるという内容であった（図表11参照）。

これで決着がついたはずであった。条例を正しく解釈すれば、自治体は差別やヘイト目的の集会に協力してはならない。市民は差別やヘイトを助長してはならず、差別やヘイト目的の集会のために公の施設を利用する権利は保障されない。

各地の自治体から門真市に問合せが殺到したようである。筆者の所にも多数の問合せがあったので、施設管理条例の条項を再確認して、条例の解釈によってヘイト集会への対処が十分可能であると伝えていた。

ところが二〇一五年二月、事態が急変した。大阪市審議会報告書が公表されたからである。

三　条例の解釈（2）――大阪型

橋下徹市長（当時）の諮問を受けた大阪市人権施策推進審議

図表11　ヘイト集会の構造

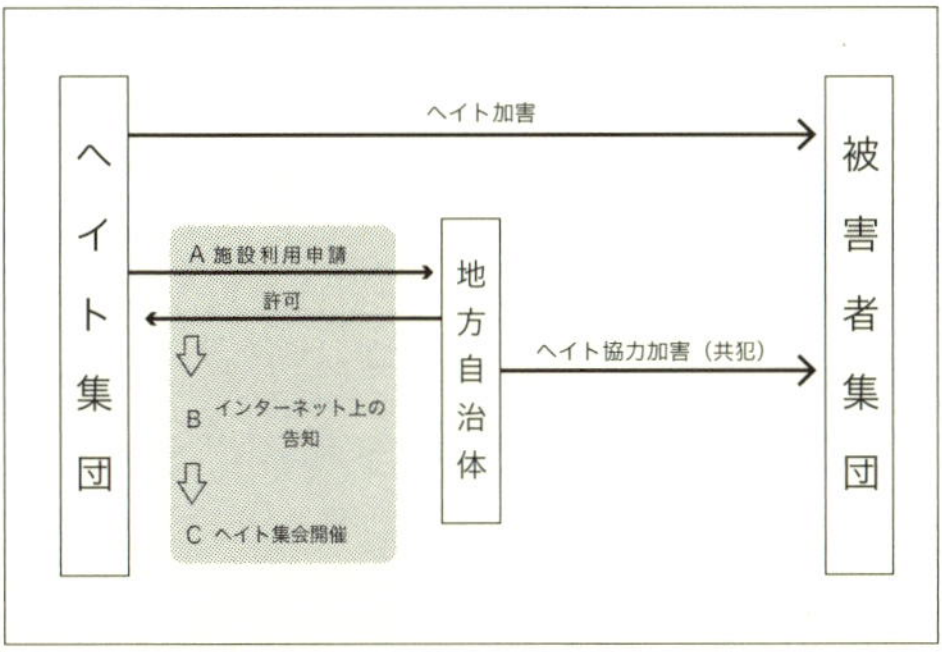

会は二〇一五年二月、「ヘイト・スピーチに対する大阪市としてとるべき方策について（答申）」を大阪市長に提出した。

審議会答申はヘイト・スピーチに対してとるべき措置の内容として、①認識等の公表、②訴訟費用等の支援、③その他の支援、④本市施設等の利用制限について、の四項目を列挙した。そのうち「本市施設等の利用制限について」において次のような見解を示した。

ヘイト・スピーチを行う団体であること、又は、ヘイト・スピーチが行われることのみを理由に公の施設の利用を制限することは困難である

ただし、ヘイト・スピーチが行われる蓋然性が高く、かつ、管理上支障が生じる等、現行条例の利用制限事由に該当することが客観的な事実により具体的に明らかに予見される場合は利用を制限することもあり得る

審議会答申が提示した理由は、①集会の自由（表現の自由）がある。②施設管理条例における公の施設の利用拒否制限事由は、「公安又は風俗を害するおそれがある」「管理上支障がある」というものであり、他の自治体においても同様である。③利用制限については泉佐野市民会館事件、上尾市福祉会館事件に関する最高裁判例があり、最高裁判例に従えば、「ヘイト・スピーチが行

われることが想定されることだけをもって、事前に公の施設の利用を拒否することは極めて困難であると考えられる」というものであった。大阪審議会答申の特徴は次の通りである。

第一に、ヘイト・スピーチの被害実態に目を向けず、集会の自由（表現の自由）を大前提に掲げる。

第二に、施設管理条例の形式的解釈を唱え、「他の自治体においても同様である」として山形県や門真市の先例を無視する。条例の解釈によって、地方自治体はヘイト集会に公の施設を利用させる義務があるという結論を引き出した。山形県や門真市の条例の具体的な条文と、大阪市条例の具体的な条文の比較がなされた気配はない。

第三に、集会利用に関する最高裁判例をヘイト・スピーチに関する「参考判例」と位置づける。泉佐野市民会館事件、上尾市福祉会館事件はヘイト・スピーチとは何の関係もない。ヘイト・スピーチに関する先例ではなく、暴力的な混乱が予想される集会の施設利用に関する先例にすぎないのに、その後、ほとんどの論者が大阪審議会答申に従うことになり、議論の混乱は現在も続いている（『原論』第五章参照）。

大阪審議会答申は全国ニュースで大きく報道されたため甚大な影響を及ぼすことになった。各地の自治体から筆者への連絡が途絶えた。「自治体はヘイト集会に協力してはならない」という筆者の見解は、「大阪審議会答申によれば、自治体はヘイト集会であっても施設を利用させる義務がある」という形で反論を受けることになった。ヘイト団体が凱歌を上げたのは言うまでもない。実際、多くの人々が大阪審議会答申は自治体のヘイト集会協力義務を確認したと受け止めた。ただ大阪審議会答申は「ただし、ヘイト・スピーチが行われる蓋然性が高く、かつ、管理上支障が生じる等、現行条例の利用制限事由に該当することが客観的な事実により具体的に明らかに予見される場合は利用を制限することもあり得る」と付記していた。報道ではこの点が取り上げられることがほとんどなかった。審議会答申も「ただし」以下の内容を詰めることをしていない。この点が残された課題となった。大阪市は二〇一六年一月、大阪市ヘイト・スピーチ条例を制定したが、同条例は公の施設利用問題には言及していない（本書第四章の二参照）。

四　ガイドライン方式（1）——川崎型

1　川崎市協議会報告書

大阪市審議会答申が事実上、自治体のヘイト集会協力義務を肯定した。「大阪にはヘイト・スピーチはいらない」と公言した橋下徹・前市長の足下で、ヘイト集会協力義務が公認されてしまった。

ヘイト団体は審議会答申を背に、各地の自治体においてヘイト集会を続々と開催することになった。この状況を変えたのが、川崎市人権施策推進協議会報告書であった。

川崎市人権施策推進協議会は二〇一六年一二月、「ヘイト・スピーチ対策に関する提言」を市長に提出した。協議会報告書は市が取り組むべき事項として、①公の施設の利用に関するガイドラインの策定、②インターネット上の対策、③制定すべき条例の検討を列挙した。そのうち公の施設の利用に関するガイドラインの策定について次のように述べた。

ヘイト・スピーチによる市民の被害を防止するため、市が所管する公的施設（公園、市民館等）において、ヘイト・スピーチが行われないよう対処する必要がある。そのためには条例の制定又は改正をすべきであるが、当面は、各施設の既存の条例の解釈を明確化すべく、早急に、公的施設の利用に関するガイドラインを策定する必要がある。

大阪審議会答申とは異なり、被害の防止を明確に謳い「ヘイト・スピーチが行われないよう対処する」ためにガイドラインを策定するよう提言する。

表現の自由の保障は重要であり、地方自治法第二四四条の明文規定があるから「公的施設の利用についてては、憲法及び地方自治法の観点から許可を原則としなければならない」としている。

だがそこで思考停止するのではなく「不当な差別的言動が行われるおそれが客観的な事実に照らして具体的に認められる場合」については、不許可とすべきであるとし、「判断に際して恣意性を疑われないしくみをはじめとした」ガイドラインの策定を求めている。

具体的に「ガイドラインに盛り込むべき要素」としては、①目的、②定義、③具体的な解釈、④具体的な手続き、⑤利用制限の種類、⑥利用許可の取消、⑦第三者機関的なしくみづくり、を列挙している。

2 川崎市ガイドライン

川崎市は協議会報告書を受けて二〇一七年一一月、「本邦外出身者に対する不当な差別的言動の解消に向けた取組の推進に関する法律に基づく『公の施設』利用許可に関するガイドライン」を作成・公表した。

ガイドラインは、地方自治法第二四四条に基づいて、公の施設利用は原則として許可をする必要があるとしつつ、利用制限に関する基本方針を、①利用制限の種類、②「不許可」「許可の取り消し」の要件、③第三者機関、④許可後の対応、⑤具体的な流れ、の五点に整理して示す。

ア　利用制限の種類　公の施設において、利用許可の申請があった場合に「不当な差別的言動の行われるおそれが客観的な事実に照らして具体的に認められる場合（言動要件）」は、当該公の施設の利用等につき、「警告」「条件付き許可」「不許可」「許可の取消し」といった利用制限を行うことができることとする。

イ「不許可」「許可の取消し」の要件　利用制限のうち、「不許可」「許可の取消し」については「当該施設利用において、不当な差別的言動の行われるおそれが客観的な事実に照らして具体的に認められる場合（言動要件）」であり、かつ「その者等に施設を利用させると他の利用者に著しく迷惑を及ぼす危険のあることが客観的な事実に照らして明白な場合（迷惑要件）」と判断されるときに限って行うことができることとする。

ウ　第三者機関　「不許可」「許可の取消し」とする場合、判断及び手続の公正性・公平性・透明性を担保するため、第三者機関から事前に意見聴取を行うこととする。

エ　許可後の対応　許可後に「不当な差別的言動の行われるおそれが客観的な事実に照らして具体的に認められる場合（言動要件）」と判断されることとなったときは、アからウに準じた対応を行うこととする。

オ　具体的な流れ　利用許可の申請から許可・不許可までの手続は、「9　利用申請から許可・

不許可等の決定までの具体的な流れ」に規定したとおり行うこととする。

判断方法についていくつか補足説明がなされている。

第一に、言動要件である。

「不当な差別的言動の行われるおそれが客観的な事実に照らして具体的に認められる場合（言動要件）」に該当するか否かの判断に当たっては、その該当性が利用申請書等の記載から明らかでない場合は、申請者・団体側の情報発信（告知内容）等を確認するほか、申請者・団体の性質及び活動歴等も勘案の上、総合的に判断しなければならない」という。

第二に、迷惑要件である。

「その者等に施設を利用させると他の利用者に著しく迷惑を及ぼす危険のあることが客観的な事実に照らして明白な場合（迷惑要件）」に該当するという判断をするに当たっては、その利用によって、他の利用者の生命、身体、自由、名誉若しくは財産が侵害され、公共の安全が損なわれる危険があり、これを回避する必要性が優越する場合に限られなければならない。そして、その危険性の程度としては、単に危険な事態を生じる蓋然性があるというだけでは足りず、明らかな差し迫った危険の発生が具体的に予見されることが必要である。

なお、他者の実力での妨害により紛争が生じるおそれを理由に平穏な集会を拒否できるのは、警察の警備等によってもなお混乱を防止することができないなど特別な事情がある場合に限られる」

第三に、施設の特徴である。

「判断に当たっては、当該施設の性質・形態を考慮しなければならない。例えば、公園等の屋外施設の場合には、他の利用者の迷惑については想定しやすいが 市民館の会議室のように閉鎖型で個々に独立した形態の場合には、参加者が特定又少数の場合は他の利用者の迷惑自体が想定し難い」という。

ガイドラインは「警告」「条件付き許可」「不許可」「許可の取消し」について、都市公園と市民館の場合を区別し、それぞれ具体的な判断方法、第三者機関による手続きの詳細を示している。

川崎市ガイドラインは、公の施設利用許可問題について地方自治体として初めてガイドラインを提示して、判断基準と手続きを定めたものであり、画期的な試みであった。

門真市や山形県の先例にもかかわらず、大阪市審議会報告書が「ヘイト・スピーチを行う団体であること、又は、ヘイト・スピーチが行われることのみを理由に公の施設の利用を制限することは困難である」と結論づけた。その影響力は非常に大きかった。地方自治体がヘイト・デモを止めるどころか、ヘイト・デモに協力する義務があるかのような見解が大手を振ってまかり通った。これに対して川崎市が示した見識は各方面で高く評価された。

もっとも言動要件と並んで導入された迷惑要件については、その後の混乱の一因となったように思われる。ヘイト・スピーチが行われる具体的危険性の判断に関する言動要件にとどまらず、独立の迷惑要件を掲げたからである。

もともとヘイト・スピーチは差別と、差別の扇動であり、ターゲットとされた集団に属する人々の人間の尊厳を傷つけ、社会的排除を唱え、民主主義を損ない、社会を壊すものであるから、言動要件を満たせばヘイト・スピーチを止めなければならない。

ところが言動要件に加えて、「その者等に施設を利用させると他の利用者に著しく迷惑を及ぼす危険のあることが客観的な事実に照らして明白な場合」という迷惑要件を導入したため、被害者の人間の尊厳とは無関係の、「他の利用者の迷惑」という判断要素が加わることによって、判断過程が無用に複雑化した。迷惑要件は公安条例における「公共の安全と秩序の維持」に接近していく傾向を有する。「差別を許さない」という判断ではなく、「集会開催によって公共の安全と秩序の維持を損なうか」という判断を経ることになりがちである。

なお、二〇一九年九月、新宿区が公表したガイドラインにも迷惑要件という言葉がみられるが、『他の利用者に著しく迷惑を及ぼす危険』ではなく、『施設の安全な管理に支障が生じる事態が予測される』という表現となっている。

五　ガイドライン方式（2）――京都型

1　京都府ガイドライン

京都府は二〇一八年三月、「京都府公の施設等におけるヘイト・スピーチ防止のための使用手続に関するガイドライン」を公表した。

ヘイト・スピーチ解消法第四条二項が、地方公共団体に対し「不当な差別的言動の解消に向けた取組に関し、国との適切な役割分担を踏まえて、当該地域の実情に応じた施策を講ずるよう努める」ことを定めていることを受けて、公共施設利用問題に解決を図るものである。

地方自治法第二四四条は、正当な理由がない限り、住民が公の施設を利用することを拒んではならないとすることを確認した上で、京都府ガイドラインは次のように述べる。

「しかしながら、不当な差別的言動が行われることが、客観的な事実に照らし、具体的に明らかに予測される場合に、公の施設の使用を承認又は許可することは、地方公共団体が不当な差別的言動そのものを承認又は許可したとも解されるおそれがある。」

そこで公の施設利用に関する判断基準と手続きを明確にする必要がある。京都府ガイドラインは、ヘイト・スピーチ解消法の定義及び、法務省人権擁護局内「ヘイト・スピーチ対策プロジェクトチーム」が作成した「『本邦外出身者に対する不当な差別的言動の解消に向けた取組の推進に関する法律』に係る参考情報（その2）」を踏まえて定義を提示し、「使用制限に係る基本方針」を示す。「基本方針」は泉佐野市民会館事件及び上尾市福祉会館事件に関する最高裁判例を引用した上で、次のように述べる。

このことを基本とした上で、ヘイト・スピーチ解消法の趣旨、日本国憲法及びあらゆる形態の人種差別の撤廃に関する国際条約（以下「人種差別撤廃条約」という）の精神を踏まえると、「不当な差別的言動」が行われることが客観的な事実に照らし、具体的に明らかに予測される場合等に、その使用を承認又は許可することは、府が差別行為を承認したとも解されるおそれがある。このため、表現の自由や集会の自由を保障している憲法の趣旨に照らし、恣意的な運用とならないよう、また、正当な表現行為を萎縮させることがないよう、このガイドラインで要件、手続等を明らかにした上で、不承認又は不許可とすべきである

そして京都府ガイドラインは「使用制限の要件」を次のように定める。

ア「不当な差別的言動」が行われることが、客観的な事実に照らし、具体的に明らかに予測される場合

イ「不当な差別的言動」が行われる蓋然性が高いことによる紛争のおそれがあり、施設の管理上支障が生じるとの事態が、客観的な事実に照らし、具体的に明らかに予測され、警察の警備等によってもなお混乱を防止できないことが見込まれるなど特別な事情がある場合

京都府ガイドラインは、「公序良俗」に関する場合と、「管理・運営上の支障」に関する場合の二つに対応させる。

すなわち右のアに該当する場合は、「他の基本的人権が侵害される危険を回避し、防止することの必要性が優先する明らかな差し迫った危険の発生が具体的に予見される場合」であり、「公の秩序又は善良な風俗を害するものと解釈し、当該規定を適用して不承認又は不許可とし、若しくは承認又は許可を取り消すことができるものとする」

同様に右のイに該当する場合は、「公の施設等の管理・運営に支障があるものと解釈し、当該規定を適用して不承認又は不許可とし、若しくは承認又は許可を取り消すことができるものとする」

このようにして京都府ガイドラインは、施設管理者が不承認、承認等の取消し、条件付き承

認等の判断を行うことにした。

　京都府ガイドラインは川崎市ガイドラインを踏まえつつ、公の施設に関する条例の解釈のためのガイドラインを提示した。その際、川崎市と異なって、京都府ガイドラインは迷惑要件を導入していない。ここに重要な一歩前進が見られる。

　その後、井手町が二〇一八年九月、宇治市が二〇一九年三月、亀岡市が同年六月、それぞれ「公の施設等におけるヘイト・スピーチ防止のための使用手続きに関するガイドライン」を定めた。「使用制限の要

スピーチ防止のための使用手続に関するガイドライン」における使用制限要件の審査　＊亀岡市資料より

審査（確認）事項	審査結果（施設管理者の判断）
市の条例等による使用制限要件への該当性審査 ○事前に判明しているテーマ・具体的内容、開催・実施の方法等の諸事情 ・表現活動の内容、集会等の規模・態様、参加者の募集方法、一般への公開の有無　など ○集会等の主催者及び参加予定者が過去に行った同種の集会等の内容及び当該集会等における言動の内容等の諸事情 **不当な差別的言動の定義** **【典型的な例①】** **生命、身体、自由、名誉若しくは財産に危害を加える旨の告知** 〈具体例〉 「○○人は殺せ」、「○○人を海に投げ入れろ」、「○○人の女をレイプしろ」など **【典型的な例②】** **本邦外出身者を著しく侮辱するもの** 〈具体例〉 特定の国又は地域の出身であるものについてなど蔑称で呼んだり、差別的、軽蔑的な意味合いで「ゴキブリ」などの昆虫、動物、物に例える言動　など **【典型的な例③】** **「地域社会から排除することを煽動する」言動** 〈具体例〉 「○○人はこの街から出て行け」、「○○人は祖国へ帰れ」、「○○人は強制送還すべき」など 〈過去の処分等の状況〉 ○裁判の判決、仮処分 ○他の自治体における行政処分　など	要件（ア）の該当 「不当な差別的行動」が行われることが、客観的な事実に照らし、具体的に明らかに予測される場合 【適用規定： 「公序良俗」に関する規定】
開催予定の集会に対する警備による混乱防止の見込み　など	要件（イ）の該当 「不当な差別的言動」が行われる蓋然性が高いことによる紛争の恐れがあり、施設の管理上支障が生じるとの事態が、客観的な事実に照らし、具体的に明らかに予測され、警察の警備等によってもなお混乱を防止できないことが見込まれるなど、特別な事情がある場合 【適用規定： 「管理・運営上の支障」に関する規定】

件」は京都府ガイドラインと同じである。亀岡市のガイドラインの図表が参考になる（図表12参照）。

2 京都市ガイドライン

京都市は二〇一八年六月、「ヘイト・スピーチ解消法を踏まえた京都市の公の施設等の使用手続に関するガイドライン」を公表した。京都市ガイドラインは、基本的には京都府ガイドラインに学びつつ、若干の新規要素を含んだ内容となっている。

第一に、京都市ガイドラインは最高裁判例だけでなく、二〇一六年六月二日の横浜地裁川崎支部のヘイト・デモ禁止の仮処分決定を引用している。施設利用に関する論点に限らず、①憲法第一三条の人格権に引き寄せて、本邦外出身者に「差別され……排除されることのない権利は……人格権を享有するための前提となる者として、強く保護されるべきである」という箇所が引用されている。さらに、②人種差別撤廃条約への言及部分も引用されている。

図表12 「亀岡市の公の施設等におけるヘイト

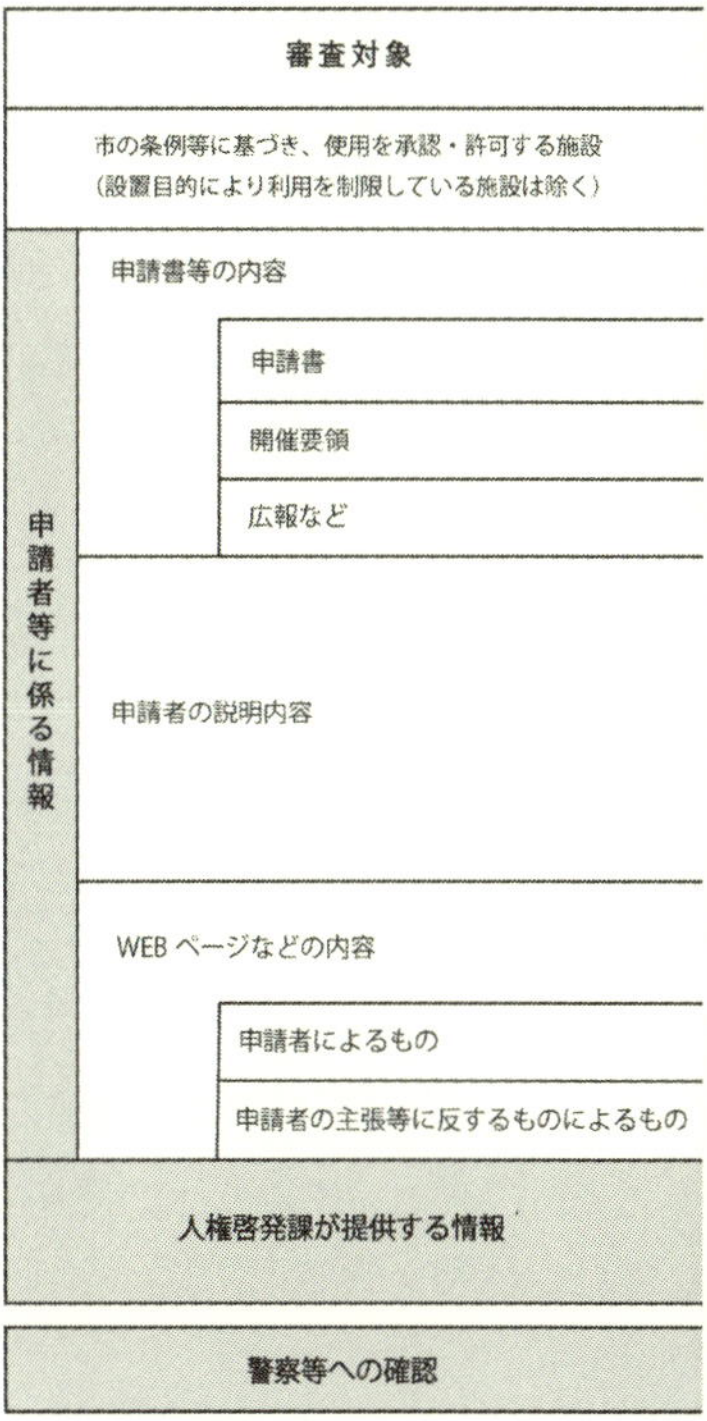

審査対象			
市の条例等に基づき、使用を承認・許可する施設（設置目的により利用を制限している施設は除く）			
申請者等に係る情報	申請書等の内容	申請書	
		開催要領	
		広報など	
	申請者の説明内容		
	WEBページなどの内容	申請者によるもの	
		申請者の主張等に反するものによるもの	
人権啓発課が提供する情報			

警察等への確認

第二に、使用制限の要件は次の通りである。

ア「不当な差別的言動」が行われることにより、人格権をはじめとする基本的人権を侵害することが、客観的な事実に照らし、具体的に明らかに予測される場合

イ「不当な差別的言動」が行われる蓋然性が高いことによる紛争のおそれがあり、施設の管理上支障が生じるとの事態が、客観的な事実に照らし、具体的に明らかに予測され、警察の警備等によってもなお混乱を防止できないことが見込まれるなど特別な事情がある場合

横浜地裁川崎支部決定の引用に続いて、要件アにおいて「人格権をはじめとする基本的人権を侵害すること」としているのが、京都府ガイドラインとの差異である。ヘイト・スピーチが基本的人権の侵害となることを積極的に明示したものである。

この点は偶然ではなく、ガイドラインの「策定趣旨」において「本ガイドラインは、ヘイト・スピーチ解消法や、都市の理念として宣言した世界文化自由都市宣言、人権施策に関する基本指針である『京都市人権文化推進計画』及び多文化共生施策などに関する基本指針である『京都市国際化推進プラン』に基づき、本市がヘイト・スピーチは許さないという人権意識等の浸透を図る取組を実施してきた」ことを踏まえるとしている。

「ヘイト・スピーチは許さないという人権意識等の浸透を図る取組を実施してきた」という基本認識から、横浜地裁川崎支部決定の憲法第一三条論や人種差別撤廃条約への言及部分の引用につながり、そこからヘイト・スピーチは「人格権をはじめとする基本的人権を侵害する」という認識が引き出されている。

京都府ガイドラインと京都市ガイドラインの間で、具体的な判断について差異が生じるか否かは必ずしも明らかでないが、京都市ガイドラインの人権重視の姿勢は評価に値する。

なお、東京都は二〇一九年三月、「東京都オリンピック憲章にうたわれる人権尊重の理念の実現を目指す条例第一一条に規定する公の施設の利用制限に関する基準」を定め、公表した（東京都条例第一一条は本書第四章参照）。東京都基準（ガイドライン）は、利用制限の要件として、次の二つを満たすことが必要とする。

① ヘイト・スピーチが行われる蓋然性が高いこと。
② ヘイト・スピーチが行われることに起因して発生する紛争等により、施設の安全な管理に支障が生じる事態が予測されること。

判断方法については、この要件への該当性について、施設管理者が判断するに当たっては、施設利用の態様等を総合的に勘案し、必要な場合には条例第一四条第一項の規定に基づき設置する審査会の調査審議を経ることにより、公平性・中立性を確保するものとするとしている。ヘイト・スピーチの事例、制限利用の累計等は他の自治体ガイドラインと同様である。

六　自治体の責務と市民社会との協力

公の施設利用許可問題の変遷は、ヘイト・スピーチの性格規定、及び地方自治体の公共性の内実をめぐる理解の深化を反映している。

門真型は、施設に関する条例に人権保障等の文言が含まれていたことから、差別やヘイト目的集会のための施設利用について、条例を正当に解釈することによって地方自治法第二四四条に違反することなく、施設利用を拒否できるという判断であった。

「地方公共団体は、住民の福祉の増進を図ることを基本」として（地方自治法第一条の2）地方自治の本旨に遡り（憲法第九二条）、憲法上の権利規定を踏まえて解釈すれば、差別やヘイト目的の集会に公の施設を利用させるべきではない。利用させれば、地方自治体がヘイト集会に協力し、ヘイトを助長したことになる。筆者はこのように考え、門真市の決断によってこの問題の決着がついたと判断した。ところが事態はそう簡単ではなかった。

大阪市審議会報告書は、集会の自由（表現の自由）の憲法論を第一に掲げ、公の施設利用問題を暴力予測事案に関する最高裁判例の水準で把握し直した。

大阪審議会報告書は、集会利用に関する最高裁判例をヘイト・スピーチに関する「参考判例」と位置づける。「参考判例」という表現に過ぎず、先例と明記したわけではない。しかし「参考判例」とは何なのか。その説明はなく、実際には先例として扱っている。大阪審議会報告書の影響力は大きかった。その後、多くの自治体や研究者がこの誤解を継承し、最高裁判例という先例があることを金科玉条のごとく唱えることになった。しかし泉佐野市民会館事件、上尾市福祉会館事件はヘイト・スピーチとは関係がない。両事件の最高裁判決はヘイト・スピーチに関する先例ではなく、暴力的な混乱が予想される集会の施設利用に関する先例にすぎない。

暴力予測事案は、①施設利用申請者と施設の関係ではなく、②施設利用者と他の利用者や周辺住民との関係でもなく、③施設利用を批判・妨害する目的等のために施設に来館する者たちが登場することによって惹起される衝突や混乱の問題である。

ヘイト事案は、①施設利用申請者と施設の関係、及び②施設利用者と他の利用者や周辺住民との関係である。これまでヘイトを行い、ヘイト目的で利用申請しているため、ヘイト集会が行われる具体的危険性がある。①ヘイト集会を許可すれば、施設を利用させた自治体がヘイト集会に協力し、ヘイトを助長したことになる。②ヘイト集会を許可すれば、施設利用者のヘイト行為によって他の利用者や周辺住民に被害が生じる。

このように暴力予測事案とヘイト事案は様相が異なり、構図が異なる（図表13参照）。最高裁判例をヘイト事案にいきなり適用するのは適切でない。

もちろんヘイト事案が暴力予測事案と重なることはある。③ヘイト集会に抗議してカウンター勢力が来館して、ヘイト集団と反ヘイト集団が衝突する事態が予測される場合もある。その場合は最高裁判例を適用して考えるべきである。

川崎市ガイドラインは「公の施設の利用制限に関する基本方針」を明示し、表現の自由を尊重しつつ、ヘイト目的

図表13　迷惑事案とヘイト事案

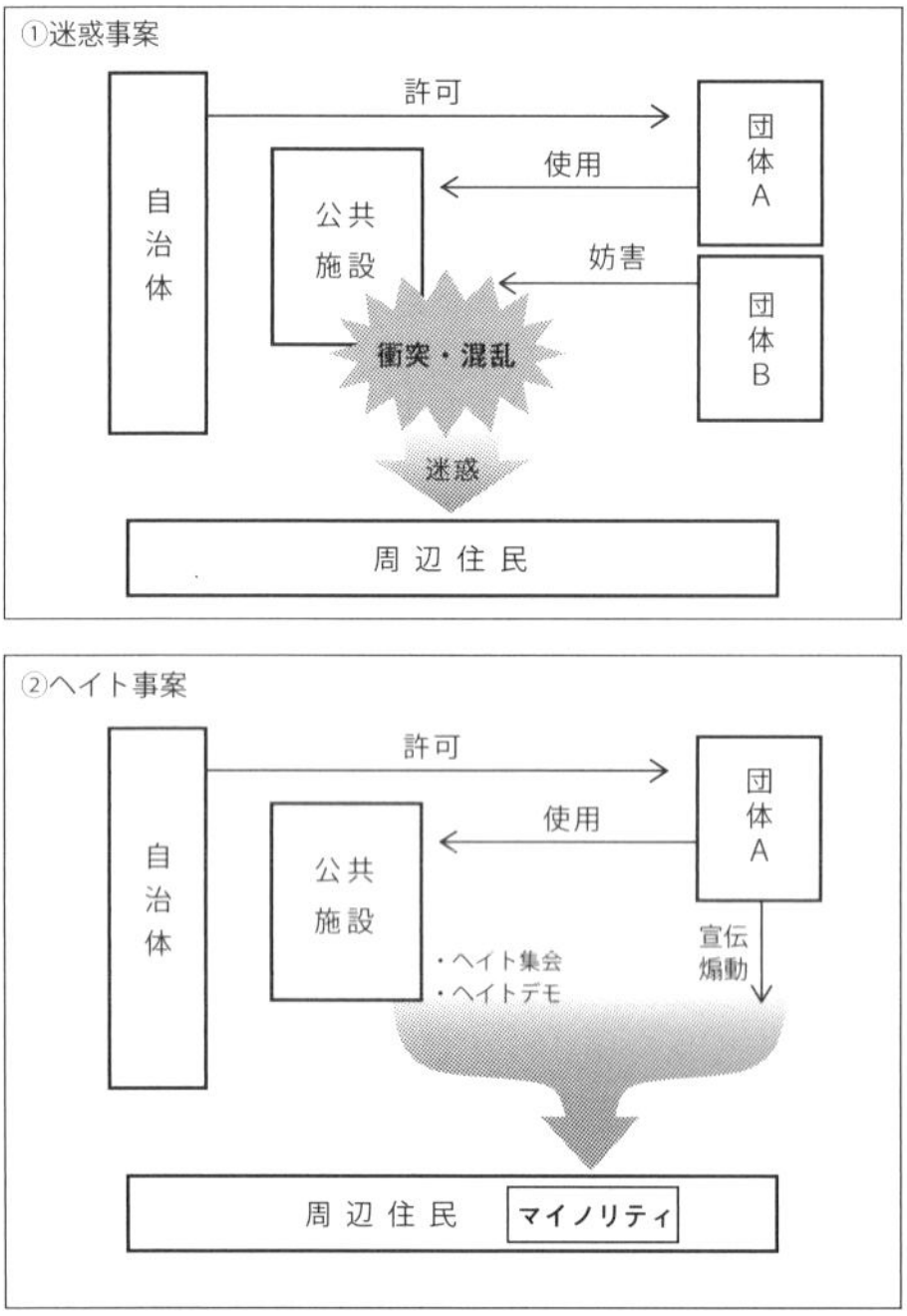

のヘイト集会に施設利用を拒否する判断の基準を明らかにした。言動要件は、暴力予測事案ではなく、ヘイト事案であることを要件として掲げたものである。差別的言動を行わないように警告する場合の「文例」が次のように示されている。

> 施設を利用される皆様へ
> ヘイト・スピーチ解消のための法律が施行されています。
> 各施設の利用に当たりましては、同法に定める不当な差別的言動を行わないこと等、関係法規を遵守して下さい。
> 民族や国籍等の違いを超え、互いの人権を尊重しあう社会をともに築きましょう。

ヘイト・スピーチが人権侵害であることの認識が、施設利用許可の判断に影響を及ぼすことを明確にした。

川崎市ガイドラインは言動要件に加えて迷惑要件も掲げた。この点は識者からの批判を浴びることになった。

実際その後、川崎市はヘイト集会に施設利用を許可した。例えば二〇一八年六月三日、これまでもヘイト活動を行ってきたことで知られる人物によるヘイト集会に、川崎市教育文化会館の利用許可を出した。当日は、ヘイト集会に抗議するカウンターの市民が多数集まり、実力でヘイト集会を中止に追い込んだ。

「この日は抗議の市民を参加者が殴り付ける場面もあり、神奈川県弁護士会人権擁護委員長の本田正男弁護士は『危険さえ感じる「迷惑」が生じていた。講演会をわざわざ川崎市の公的施設で開くことでガイドラインの無効化を狙い、差別を扇動する主催者の意図は明らかで、こうした欺瞞にも対処できるガイドラインの運用を考えるべきだ』と話した」（『神奈川新聞』二〇一八年六月四日）。

二〇一八年一二月二日、右と同じ団体による利用申請に対して、川崎市は、差別的言動をしないよう警告した上で利用を許可し、実際に集会が開催された。警告は、前回差別的発言をしたことを映像で確認していたためであるという。このためガイドラインだけでは差別を止められないという意見も登場することになった。

このように迷惑要件の判断がむしろ基準の不明確性をもたらしたと指摘されている。

京都府及び京都市ガイドラインは、基本的には川崎市ガイドラインに学びつつ、迷惑要件は採用しなかった。

以上の経過を経て、公の施設利用に関するガイドラインのあるべき姿が明らかになってきたと言えよう。

以上の過程には人権擁護と差別防止に取り組んできたＮＧＯをはじめとする市民の協力が大きな影響を与えた。自治体はヘイト・スピーチの実態について必ずしも情報を保有していないので、市民やメディアの協力によって情報を収集し、これを確認しながら手続きを進めることが必要となる。各地の自治体条例には、差別をなくすための市の責務とともに、市民の責務に関する規定が用意されている。国立市条例第七条は次のように定める。

国立市条例第七条　市民は、基本原則に基づき、人権・平和のまちづくりの推進に関する市の施策に協力するとともに、家庭、地域、学校、職場等社会のあらゆる分野における不当な差別を無くすよう努めるものとする。

２市民は、地域社会の一員として、当事者意識を持ち、協力や対話等を通じて、人権・平和のまちづくりの推進に寄与するよう努めるものとする。

市民には自ら差別やヘイトを行わないことが求められるとともに、差別やヘイトが起きていることを知った場合には、不当な差別をなくすよう努力することが求められる。地域社会の一員として市民が、市とともに、相互に協力しながら人権・平和のまちづくりを進めることが予定されている。世田谷区条例第五条、東京都条例第二条三項等にも同様の定めがある。

第六章

教育・文化政策のために

一　問題点

1　ヘイト・スピーチ解消法

ヘイト・スピーチ解消法第六条は「教育の充実等」として次のように定める。

ヘイト・スピーチ解消法第六条　国は、本邦外出身者に対する不当な差別的言動を解消するための教育活動を実施するとともに、そのために必要な取組を行うものとする。

２　地方公共団体は、国との適切な役割分担を踏まえて、当該地域の実情に応じ、本邦外出身者に対する不当な差別的言動を解消するための教育活動を実施するとともに、そのために必要な取組を行うよう努めるもの

ヘイト・スピーチ対策の一環として教育による定めを置いて、国も地方自治体も「不当な差別的言動を解消するための教育活動を実施する」としている。

それでは、いかなる教育活動を実施するのであろうか。

法務省ウエブサイトには「ヘイト・スピーチに焦点を当てた啓発活動」として「人権教室」について紹介がある。そこには「人権教室は、いじめ等の人権問題について考える機会を作ることによって、国民の皆さまが相手への思いやりの心や生命の尊さを体得すること等を目的とした啓発活動であり、全国の人権擁護委員が中心となって実施しています。本活動は主に小学生を対象に、人権の花運動における学校訪問や総合的な学習の時間等を利用して実施していますが、近年は中・高・大学生や、企業研修等において大人を対象としても実施しています。」

これはヘイト・スピーチ解消法以前のものであり、ヘイト・スピーチ解消法第六条によるものではない。内容を見ても、いじめ問題や企業の責任に関することが中心であって、ヘイト・スピーチは取り上げられていない。

法務省は関係省庁及び地方公共団体との間で「人権教育・啓発中央省庁連絡協議会ヘイト・スピーチ専門部会」を設置して、ヘイト・スピーチに係る取り組みの情報共有等を行っている。これまで二〇一六年九月三〇日及び二〇一八年一〇月二六日に二回の部会が開催された。参加者は法務省人権擁護局、警察庁公安課、総務省総合通信基盤局電気通信事業部消費者行政第二課、外務省総合外交政策局人権人道課、文部科学省生涯学習政策局社会教育課、同省総合教育政策局男女共同参画共生社会学習・安全課、同省初等中等教育局児童生徒課の各課長級職員、及び東京都、東京都中央区、東京都新宿区、神奈川県、川崎市、京都府、京都市、大阪府、大阪市、兵庫県、神戸市、尼崎市、福岡県、福岡市の各職員等である。第一回議事録には教育に関連する事項は記載されていない。第二回議事録には文部科学省から「学校における外国人の人権尊重に関する実践事例の収集・公表等について報告」という一行の記載があるのみである。なお法務省から「啓発活動」についての報告がなされている。二回の部会でヘイト・スピーチ解消のための教育活動に関する審議・意見交換がなされた記録はない。

2 人権条例

国立市条例第一三条は「教育及び啓発活動」として次のように定める。

国立市条例第一三条　市は、学校教育、社会教育その他の生涯を通じたあらゆる教育の場において、豊かな人権感覚の育成と平和意識の醸成のために必要な取組を行うものとする。

2 市は、人権・平和のまちづくりの推進に関して、国内外及び地域の実情に応じた啓発活動に努めるものとする。

国立市条例はヘイト・スピーチ解消法に基づいた面もあるが、第一三条は条例独自の表現となっている。第一に、ヘイト・スピーチ解消法が「不当な差別的言動を解消するための教育活動」と一般的に記載しているのに対して、国立市条例は「学校教育、社会教育その他の生涯を通じたあらゆる教育の場において」と明示している。第二に、「豊かな人権感覚の育成と平和意識の醸成のために必要な取組を行う」としている。基本的な趣旨は解消法と同じであろうが、国立の状況に応じて検討した結果であろう。

国立市ウエブサイトには「『国立市人権を尊重し多様性を認め合う平和なまちづくり基本条例』を四月一日に施行します」とあり、解説が施されているが、教育内容についての具体的言及はない。国立市条例第一六条に基づいて人権・平和のまちづくり審議会が設置され、基本方針及び推進計画が策定されるので、そこで具体的に検討されると思われる。

世田谷区条例第八条は「基本的施策」として次のように定める。

世田谷区条例第八条　男女共同参画・多文化共生施策は、次に掲げるものを基本とする。

(1)　固定的な性別役割分担意識の解消
(2)　ワーク・ライフ・バランス（個人の仕事と生活の調和を図ることをいう）に係る取組の推進
(3)　ドメスティック・バイオレンスの根絶

(4)　性別等の違いに応じた心及び身体の健康支援
(5)　性的マイノリティの性等の多様な性に対する理解の促進及び性の多様性に起因する日常生活の支障を取り除くための支援
(6)　外国人、日本国籍を有する外国出身者等（以下「外国人等」という）への情報の多言語化等によるコミュニケーション支援
(7)　外国人等が安心して安全に暮らせるための生活支援
(8)　外国人等との交流の促進等による多文化共生の地域づくりの推進
(9)　外国人等の社会参画及び社会における活躍を推進するための支援
(10)　国籍、民族等の異なる人々の文化的違いによる偏見又は不当な差別の解消
2　区長は、前項に定める基本的施策を効果的に推進するため、必要な教育又は啓発を積極的に行うものとする。

世田谷区条例第八条二項は右のように「区長は、前項に定める基本的施策を効果的に推進するため、必要な教育又は啓発を積極的に行う」としている。第一〇条に基づいて男女共同参画・多文化共生推進審議会を設置し、同審議会が第九条の行動計画を策定する。ただ世田谷区ウエブサイトの同審議会の記録を見ても、これまでヘイト・スピーチに関連する教育について検討した記

録はないようである。

最新の審議会答申（二〇一八年一二月五日）には「基本目標Ⅳ『「すべての人が尊厳をもって生きることができる社会の構築』について」として「『性的マイノリティ等多様な性への理解促進と支援』について、性的マイノリティへの就労支援として、相談等の直接的な支援、支援者や区内事業者への啓発等、具体的な取組みを進めるべきである」と記載されており、啓発することになっているが、教育には言及がない。

神戸市人権条例は第三条「教育の充実等」及び第四条「啓発活動等」として次のように定める。

神戸市人権条例第三条　市は、国又は関係機関との連携により、外国人に対する差別を解消するための教育活動を実施するとともに、そのために必要な取組を行うよう努めるものとする。
第四条　市は、国又は関係機関との連携により、外国人に対する差別の解消の必要性について、市民に周知し、その理解を深めることを目的とする広報その他の啓発活動を実施するとともに、そのために必要な取組を行うよう努めるものとする。
2　市は、国籍や民族の違いを問わず、全ての人がお互いの違いを認め合う多文化共生社会を実現するという視点に立ち、多文化共生の基礎となる人権啓発を推進するよう努めるものとする。

神戸市条例は「外国人に対する差別を解消するための教育活動」という表現で教育に言及し、啓発についても同様の定めである。審議会等の設置は予定されていないが、第七条で「市長は、毎年度、この条例に基づく市の施策の実施状況を議会に報告する」とされているので、その中での実施が想定されている。

川崎市条例素案は「人権教育及び人権啓発」として「市は、不当な差別を解消し、人権尊重のまちづくりに対する市民及び事業者の理解を深めるため、人権教育及び人権啓発を推進する」と明示している。そのための情報収集と調査研究にも言及している。具体的記述はないが、人権施策推進基本計画において明らかにされることになる。

以上のようにヘイト・スピーチ解消法及び各地の人権条例は、ヘイト・スピーチや外国人の人権、外国人に対する差別に関連して教育活動を実施する方針を示しているが、具体的内容は定かでない。東京都条例は教育に言及していない。自治体条例の制定から間がないので、今後の検討を待つ必要があるが、ヘイト・スピーチ解消法制定から三年を経ても国において特段の動きがないことは気にかかる。

3　人権教育啓発

人権教育・啓発に関しては従来から努力の積み重ねがある。それらはヘイト・スピーチ解消法制定以前のものであり、ヘイト・スピーチを念頭に置いていないことが明らかである。外国人の人権についても従来、必ずしも積極的に取り入れてきたわけではないため、見るべき内実はほとんどないようである。

二〇〇〇年の人権教育及び人権啓発の推進に関する法律（以下「人権教育啓発法」）は、第一条で目的、第二条で定義を掲げた上で、第三条で基本理念を次のように定める。

人権教育啓発法第三条　国及び地方公共団体が行う人権教育及び人権啓発は、学校、地域、家庭、職域その他の様々な場を通じて、国民が、その発達段階に応じ、人権尊重の理念に対する理解を深め、これを体得することができるよう、多様な機会の提供、効果的な手法の採用、国民の自主性の尊重及び実施機関の中立性の確保を旨として行われなければならない。

さらに、国と地方自治体の責務について次のように定める。

人権教育啓発法第四条　国は、前条に定める人権教育及び人権啓発の基本理念（以下「基本理念」という）にのっとり、人権教育及び人権啓発に関する施策を策定し、及び実施する責務を有する。
第五条　地方公共団体は、基本理念にのっとり、国との連携を図りつつ、その地域の実情を踏まえ、人権教育及び人権啓発に関する施策を策定し、及び実施する責務を有する。

同法第七条に基づいて策定された「人権教育・啓発に関する基本計画」（二〇〇二年閣議決定・策定、二〇一一年変更）第四章は「人権教育・啓発の推進方策」を整理しており、「各人権課題に対する取り組み」として、女性、子ども、高齢者、障害者、同和問題、アイヌの人々、外国人、HIV感染者・ハンセン病患者・元患者等、刑を終えて出所した人、犯罪被害者等、インターネットによる人権侵害、北朝鮮当局による拉致問題等、その他、を取り上げているが、ヘイト・スピーチに関連する記載はない。

このうち「外国人」に関する個所では、文部科学省の報告として次のように記載されている。

「学校においては、国際化の著しい進展を踏まえ、各教科、道徳、特別活動、総合的な学習の時間といった学校教育活動全体を通じて、広い視野を持ち、異文化を尊重する態度や異なる習慣・文化を持った人々と共に生きていく態度を育成するための教育の充実を図る。また、外国人児童生徒に対して、日本語の指導を始め、適切な支援を行っていく（文部科学省）。」

また「インターネットによる人権侵害」の個所に次のように記載されている。「例えば、他人を誹謗中傷する表現や差別を助長する表現等の個人や集団にとって有害な情報の掲載、少年被疑者の実名・顔写真の掲載など、人権にかかわる問題が発生している。」「学校においては、情報に関する教科において、インターネット上の誤った情報や偏った情報をめぐる問題を含め、情報化の進展が社会にもたらす影響について知り、情報の収集・発信における個人の責任や情報モラルについて理解させるための教育の充実を図る（文部科学省）。」

二〇一一年の基本計画であるので、見直しが必要である。第一に、日本における外国人居住実態が大きく変化した。第二に、日本における外国人に対する差別事案も頻発している。第三に、ヘイト・スピーチが大きな話題となり、ヘイト・スピーチ解消法が制定された。障害者差別解消法及び部落差別解消法も制定された。第四に、インターネット上のヘイト・スピーチや差別も深刻化している。

なお人権教育啓発のナショナルセンターとして人権教育啓発推進センター（公益財団法人）が設置されている。人権に関する国際的・国内的動向を踏まえ、人権教育啓発活動を行う各種団体への支援を行っている。

人権教育啓発法とは別に「同和教育」「人権教育」の歴史があり、各地に実践経験の集積がある。これらも含めて、現在における人権教育の課題と教育課程を本格的に検討することが必要不可欠である。それは国と地方自治体の協力によって、短期的課題としても中長期の課題としても実施されなければならないだろう。

二　人種差別撤廃条約

1　条約と一般的勧告

日本政府が一九九五年に批准した人種差別撤廃条約第七条は次のように定める。

人種差別撤廃条約第七条　締約国は、人種差別につながる偏見と戦い、諸国民の間及び人種又は種族の集団の間の理解、寛容及び友好を促進し並びに国際連合憲章、世界人権宣言、あらゆる形態の人種差別の撤廃に関する国際連合宣言及びこの条約の目的及び原則を普及させるため、特に教授、教育、文化及び情報の分野において、迅速かつ効果的な措置をとることを約束する。

日本政府は「人種差別につながる偏見と戦い」、そのため「教授、教育、文化及び情報の分野において、迅速かつ効果的な措置をとる」ことを約束した。

二〇〇一年九月七日のダーバン宣言（国連人権高等弁務官が主催した人種主義、人種差別、外国人排斥及び関連のある不寛容に反対する世界会議の最終宣言）は次のように述べる（前田朗訳）。

126　国連、ユネスコ及び他の関連国際組織と協力して、あらゆる人の尊厳と価値を尊重し、あらゆる文化や文明の間の相互理解を深めることを確保するために、人種主義、人種差別、外国人排斥及び関連のある不寛容に対抗することを目指した文化的及び教育的プログラムを率先して発展させることを国家に奨励する。さらに人種主義、人種差別、外国人排斥及び関連のある不寛容に対抗し、多様性、多元主義、寛容、相互理解、文化的感受性、統合と包容の価値の尊重を促進するために、人権教育のあらゆる分野において適宜、現地語による公共情報キャンペーンや具体的な研修プログラムを支援および実施するよう国家に求める。そのようなプログラムやキャンペーンは社会のあらゆる分野、とくに子どもと若者に向けられるべきである。

127　人権教育を含む教育の分野において人種主義、人種差別、外国人排斥及び関連のある不寛容の原因や結果、悪弊についての理解と認識を促進するための努力を高めるよう国家に促し、またそのような現象と闘うための教科書や辞書を含む教材を適宜、教育当局や民間部門と協議の上開発するよう国家に促し、適宜、教育当局や民間部門に奨励する。その文脈において人種主義、人種差別、外国人排斥及び関連のある不寛容を促進するかもしれない、または否定的なステレオタイプを助長するかもしれない要素を排除し、そのようなステレオタイプを論破する内容を含むようにするため、適宜、教科書やカリキュラムの見直し及び改訂を重視するよう、国家に要求する。

二〇〇九年八月二八日の人種差別撤廃委員会の「ダーバンレヴュー会議のフォローアップに関する一般的勧告第三三号」は「国は、人権理事会の普遍的定期審査メカニズムへのその報告書に、人種主義、人種差別、外国人嫌悪および関連のある不寛容を防止し、戦うための措置について含むこと」（白根大輔訳）と述べている。

日本政府も国連人権理事会に「人種主義、人種差別、外国人嫌悪および関連のある不寛容を防止し、戦うための措置」について報告する必要がある。教育・文化政策においていかなる措置を講じているかが問われる。

2　条約に基づく勧告

二〇一八年九月二六日、人種差別撤廃委員会は日本政府報告書の審査結果としての勧告を公表した。ヘイト・スピーチについて詳しい勧告が出されたが、そこには教育やメディアに関連する次のような勧告が含まれる（人種差別撤廃ＮＧＯネットワーク訳）。

① 自己規制的な機構の設置を含む、インターネットとメディアにおけるヘイト・スピーチと闘うための効果的措置。

② メディアにおける人種差別、人種主義的暴力煽動の防止に関する放送法などの措置の実施・効果について、詳細な情報を提供すること。

③ 警察官、検察官、裁判官等の法執行官に対して、ヘイト・クライムとヘイト・スピーチ解消法に関する研修プログラムを実施すること。

④ 特にジャーナリストおよび公人の役割と責任に焦点を絞り、偏見の根本的原因に取り組み、寛容と多様性の尊重を促進する啓発キャンペーンを実施すること。

また、朝鮮高級学校生徒の高校無償化除外問題について次のような勧告が出た。

委員会は、コリアンの生徒たちが差別なく平等な教育機会を持つことを確保するために、高校就学支援金制度の支援金支給において「朝鮮学校」が差別されないことを締約国が確保するという前回の勧告を再度表明する。委員会は、コリアンの女性と子どもたちが複合的形態の差別とヘイト・スピーチから保護されることを確保するよう締約国が努めることを勧告する。

人種差別撤廃委員会による審査において例えばシェパード委員は「日本政府はユネスコ教育差別禁止条約を批准していない。平等教育の要請、差別しないという基本コンセプトを政策に取り入れるべきである。日本人と同様に、教育が必要な人すべてに機会を保障すべきである。ユネスコ教育差別禁止条約第一条、三条、四条は差別のないこと、優遇しないことを求めている」と述べた。

このように人種差別撤廃条約及びユネスコ教育差別禁止条約に照らして、人権教育、反差別教育が施されることが求められている。

それでは実際にどのような教育・文化政策が採用されるべきであろうか。人種差別撤廃条約第七条に従って各国で採用されてきた施策に学ぶ必要がある。

人種差別撤廃委員を務めたイオン・ディアコヌ（ルーマニア）は、人種差別の克服には実行者に制裁を科す法や制度だけでは不十分であるという（ディアコヌ『人種差別』イレブン国際出版、二〇一一年）。全住民に包括的な教育を行い、人種偏見と闘い、異なる人々や民族的出身者への寛容と理解を形成する必要がある。そのためにはすべての段階の学校、生涯教育、美術的創作、文化的創作のあらゆる段階、及び古典的な印刷（報道・出版）、ラジオ、テレビから、インターネットその他の技術に及ぶ広範な措置が含まれる必要がある。

ディアコヌによると、条約第七条の目的のために、人種差別撤廃委員会は各国の状況を分析し、勧告をまとめてきた。教育、文化、情報の分野でなすべきことを各国に提案してきた。例えば次のような勧告である。

①　社会全体に条約の諸規定を教育するキャンペーンを組織すること。
②　民族的マイノリティに対する偏見と闘う教育と啓発の強化。
③　人々に反ユダヤ主義に関する問題に敏感になるようにすること。
④　すべての住民に人権の精神を教育すること。
⑤　マイノリティに対する否定的態度や偏見と闘うこと。
⑥　人種主義や排外主義を生み出すすべての傾向を監視すること。
⑦　すべての者に多文化教育を行うこと。
⑧　すべての段階の教科書に多様性と多文化主義を導入すること。

⑨ 民族的集団が調和の内に生きることができるように措置を講じること。
⑩ 世俗的学校や多宗教学校の普及。
⑪ 現行法の枠組みを差別が起きないように修正すること。
⑫ カースト差別や人種的偏見の社会的容認を根絶する努力の強化。
⑬ 多文化的寛容、理解、尊重を促進する努力の継続。
⑭ マイノリティ、外国人、難民申請者に対する敵意の予防努力。
⑮ 反人種主義キャンペーンの継続と強化。
⑯ 民族的マイノリティ、移住者、難民申請者の積極的イメージの促進。

ディアコヌによると、人種差別撤廃委員会はメディアにおけるマイノリティ、先住民族、非市民に対する人種主義、排外主義、不寛容の現象に関心を表明してきた。各国にはメディアが人種的偏見やステレオタイプと闘うのを支援し、異なる集団の間の理解と共存の雰囲気を促進することが求められる。メディア倫理綱領の採択、条約に合致するインターネット規制法の制定が求められる。欧州諸国にはサイバー犯罪欧州委員会条約の批准が推奨された。人種差別を克服するため国連人権高等弁務官事務所との協力が助言された。

三　欧州7カ国の動向

人種差別と闘う教育・文化について規定する条約第七条に関する調査・研究は、残念ながら日本ではこれまで十分なされずに来た。条約第七条に関する国際的な研究を参照する必要がある。

それでは各国の反差別教育・文化政策はどうなっているだろうか。これまでもドイツ、フランス、イギリスなどの一部の国の教育・文化政策の研究・紹介はなされてきたが、断片的な感を否めない。以下では紙幅の都合から欧州7カ国の情報を簡潔に紹介する。資料は、各国政府が人種差別撤廃委員会に提出した報告書である。反差別教育・文化政策の運用実態や限界については政府報告書よりもNGO報告書が有益な情報を含むが、今回はそこまで手を伸ばすことができない。制度の紹介を中心とする。

1　アイスランド

二〇〇八年一〇月二七日にアイスランド政府が人種差別撤廃委員会に提出した報告書（CERD/

C/ISL/20）は、言語教育を強調し、アイスランド語を母語としない外国出身者に対する言語教育（成人、子ども、初等中等教育）のための政府と自治体の努力を報告する。子どもの母語を初等教育で実施できるように制度と資金を補充する政策を始めた。

二〇〇一年に設立された多文化センターは多文化情報センターとして充実・発展してきた。調査研究を行い、多文化プロジェクトを実施し、自治体と協力して移住者へのサービスを提供する。政府の移住者委員会は二〇〇七年、『アイスランドでの第一歩』というブックレットを九ヶ国語で出版した。移住者の相談を受け付けるNGOには専門家、公務員、弁護士、メディアの協力を得ている。社会問題省は二〇〇七年に移住者発展基金を創設し、移住者支援プロジェクトを立ち上げた。地域住民と移住者の関係を密にするために、自治体における移住者の「キー役割政策」を導入した。レイキャビク市は移住者を温かく迎えるための特別レセプション・プロジェクトに力を入れている。

二〇〇七年はEUの「欧州平等機会年」であり、アイスランドはコミュニティに寛容を広めるため差別現象について注意を喚起するプロジェクト基金を設立し、移住者が多数居住する三つの地域で移住者や地域住民の意識調査を行った。

2　フィンランド

二〇一二年二月一四日にフィンランド政府が人種差別撤廃委員会に提出した報告書（CERD/C/FIN/20-22）によると、二〇〇九年人権政策報告において人権教育ガイドラインを策定し、社会のすべての分野において人権教育を支援している。二〇一〇年、初等中等教育のための人権教育課程が改定された。

教育省は教師のための多文化教育基礎プログラムを策定し、ヘルシンキ大学では異なる宗教に関する教師訓練コースを準備している。人身売買に対処する行動計画を改定し、国境警備隊に人身売買における人権保護の訓練を行った。マイノリティのためのオンブズマンは人身売買に関する報告を行っている。

ロマのコミュニティについて子どもの教育を保障しているが、経済的理由から中等高等教育への進学率が低い。子どものためのオンブズマンによると、ロマの子どもの進学は低レベルなので、二〇〇八年、三〇自治体において寛容、非差別に焦点を当てた活動を行い、ロマの子どもの参加を促進している。文化政策においても、サーミ人やロマのための言語教育に力を入れ、「地域言語・マイノリティ言語のための欧州憲章」を履行している。

人種主義と排外主義の抑止のため、教育省は多様なプロジェクトを推進してきた。マイノリティに属する若者に対する差別と闘うために、政府は子どもと若者政策プログラムを策定・実施した。「人種差別に反対するダーバン行動計画（二〇〇一年）」実施の一環として芸術文化アクセス・プログラムも進められている。

3 オーストリア

二〇一二年四月一七日の政府報告書（CERD/C/AUT/18-20）によると、人権教育は一九七八年以来、教育課程に組み込まれている。歴史学や政治学において「ナチスとホロコースト」は主要テーマであり、現在ではグローバリゼーション下での人権を取り上げている。学校教科書にマイノリティに関する情報を織り込んでいる。例えば中学教科書はブルゲンラントの民族マイノリティを紹介している。成人教育でもブルゲンラント・ロマの言語と文化を促進する教育プログラムを用意し、財政支援している。二〇〇九年以来、マウトハウゼン委員会は十代の極右過激派に関する特別研修を提供してきた。連邦司法相、内務省、刑事施設職員協会など、さまざまなレベルで反差別研修を行ってきた。外務省は二〇〇八年に「文化間対話」を掲げ、トルコ系住民のためのセミナーを始め、欧州統合基金の援助を受けている。オーストリア放送機構は連邦法に基づいて、放送における差別の禁止とヘイト・スピーチの禁止を一般原則とし、マイノリティ集団代表を諮問委員に迎えている。プレス委員会は二〇一〇年、「プレス自己監視委員会」を組織した。

4　アイルランド

二〇一〇年九月二三日にアイスランド政府が人種差別撤廃委員会に提出した報告書（CERD/C/IRL/3-4）によると、初等教育教師のために平等、尊重、多様性のための教育訓練を用意し、教師の専門性向上を支援する取り組みを進めている。教育課程・評価委員会が多文化教育のガイドラインを作成した。高等教育においては特に二〇〇八～一三年に「多文化キャンパス」の取り組みを行い、移住者のニーズに対応している。アイルランドとその他の文化の間の相互理解を深めるため、二〇〇五年に「文化アイルランド」を設立した。国家美術委員会は反差別行動計画に従って、美術に関する文化多様性政策の調査を行い、「世界文化祭」を支援している。五月二五日をアフリカ・デーとしてイベントを行っている。正月はダブリン市の中国正月祭であり、文化フェスティバルを開催している。二〇〇九年に改正された放送法に基づいて、放送綱領と広告綱領を作成し、差別に協力しないことにしている。

5　イタリア

二〇一一年六月二一日にイタリア政府が人種差別撤廃委員会に提出した報告書（CERD/C/ITA/16-18）によると、全学校で「反暴力週間」（一〇月一二日〜一八日）の取り組みがなされ、生徒、父母、教員に尊重、多様性、合法性について注意を喚起し情報を交換している。二〇〇九年と二〇一〇年には「暴力と差別に反対する週間」とした。「メディア図書館」は人種主義の調査を行い、「権利、平等、統合」という一連のパンフレットを作成している。否定的な言葉の使用、ステレオタイプな画像、差別的表現、他者を貶める行為を回避するための教材である。二〇一〇年一二月、ローマで「もっと書籍を、もっと自由を」展を開催した。各地の組織を通じての取り組みのため、ラチオ、カンパニア、シシリア、カラブリア、ロンバルディア、ピエモント、トスカーナ、エミリア・ロマーニャで集会を開催した。

文化領域ではEUの政策に沿って「平等機会と非差別」の普及に力を入れている。人種、民族的出身、宗教に由来する差異に関するステレオタイプの予防、不利益な状況にある人々を支援するネットワーク、差別に関するデータベースの構築、差別された集団の活動の強化、ロマ、シンティ、カミナンティ共同体に対する差別と闘う政策である。

情報領域では二〇〇六年、国連人権高等弁務官からイタリアのメディアが移住者をどう報道しているかとの手紙を受け取って以後、プレス団体協議会とイタリアプレス連盟が協力して移住者に関する倫理綱領を作成するための専門家委員会が置かれ、二〇〇八年六月に『ローマ報告書』が公表された。難民認定請求者、難民、人身売買被害者に偏見を持たせないためのガイドラインを提示した。二〇〇七年、平等機会局のウェブサイトにインターネット上の差別事案の報告が掲載されている。インターネット上の人種主義と排外主義を監視しているが、差別事案の報告が年々増加し、ウェブサイトやブログから外国人嫌悪や人種憎悪の煽動を削除させる例も増加している。

6　ポルトガル

二〇一一年九月一三日にポルトガル政府が人種差別撤廃委員会に提出した報告書（CERD/C/PRT/12-14）によると、義務教育課程では個人と社会のアイデンティティ、連帯と責任ある参加、多様性の尊重、知的好奇心の発展、環境意識を掲げ、多言語の使用、調査と研究、問題解決戦略、調和をめざしている。政府のプログラム「すべての人のためのポルトガル」を実施し、教員研修を繰り返している。

文化領域では二〇〇七年、「移住と文化間対話のための高等委員会」を設置し、多文化アプローチ、異なる文化の平等価値を念頭に移住者の統合を図っている。政府は世界人権宣言五〇周年以来毎年、人権キャンペーンを継続した。

情報領域では移住者のためにポルトガル語、英語、ロシア語のリーフレットを発行してきた。欧州評議会主導の反差別キャンペーンに加わり、二〇〇八年、「暴力は循環するが、あなたはそれを止めることができる」というキャンペーンを行い、二〇〇九年、「差別にノーと言おう」キャンペーンではムスリム、ユダヤ人、ジプシーに対する差別に取り組んだ。

7 ポーランド

二〇一三年八月六日にポーランド政府が人種差別撤廃委員会に提出した報告書（CERD/C/POL/20-21）によると二〇〇九年九月、新しい教育制度、教育課程が導入された。二〇一二年までに幼稚園から小学校四年生までに新課程が導入された。市民統合、他者とその文化の尊重、差別予防、人種差別につながる偏見への対処が目標である。教科書は平等処遇と人種差別への対処を取り入れた。二〇一一年、人権擁護局は教育省に学校における人種主義との取り組み強化を要請した。地方自治体やNGOが生徒に寛容の理念を培うため努力をしている。二〇一一年五月、反差別教育協会が教育平等会議を開催した。毎年夏、欧州評議会の協力のもと「夏の民主主義アカデミー」が開催され、文化間教育、人権教育を扱っている。東欧及び西欧諸国の教員の参加を得ている。

リトアニア人マイノリティの教育支援、リトアニア語や文化・宗教に関する戦略的モニタリング、ドイツ系及びウクライナ系のマイノリティについて調査と支援が続いている。マイノリティ法は地方行政においてマイノリティ言語を用いること、通りや地名にマイノリティ言語の名前をつけることも認め、多数の実例がある。リトアニア語、ベラルーシ語、カシュビアン語、ドイツ語などが用いられている。

警察はヘイト・クライムと闘う計画を実施し、早期介入政策をとっている。国境警備隊は拷問及び非人道的処遇の予防研修を行い、国境警備における人権保護を図っている。検察庁は偏見やヘイト・クライムに関する手続きのガイドラインを準備中である。

文化省は文化の多様性を支援・促進し、マイノリティ団体と協力して民族フェスティバル、コンサート、映画祭、美術展を重ねている。

四　今後の課題

以上、欧州の7カ国の状況を紹介した。実に多彩な反差別教育・文化の取り組みがなされている。ジュネーヴ（スイス）の国連人権高等弁務官事務所には世界各国の実例が報告・集積されている。学ぶべき情報が大量にあるのに日本ではあまり研究されていない。

各国の報告書は記載内容に大きなばらつきがある。対象領域についても情報の詳細さの程度についても幅が広い。それぞれの政府報告書のそれ以前の記述や人種差別撤廃委員会からの前回勧告を意識しながら、その都度重点を変えて記載がなされている。このため直接の比較は困難であるが、人種差別撤廃条約第七条に対応した情報が選択されていることでは共通している。まずはこれらの情報からいくつかのポイントを抽出しておこう。紹介は7カ国に限ったが、それ以外にも筆者がこれまでに紹介した欧州諸国の例を含めて整理しておく。

第一に、就学前から始まって、初等、中等、高等及び社会人教育の全分野が対象である。成人・子ども・初等中等教育における言語教育（アイスランド）、人権教育ガイドラインの策定（フィンランド）、中学・成人教育（オーストリア）、初等教育・中等教育（アイルランド）、全学校、生徒・父母・教員（イタリア）。さらに「カリパテイラ・プロジェクト」「オリンピック教育」（ギリシア）。

ヘイト・スピーチ解消法も自治体条例も教育の充実を語るが、教育レベル（初等・中等・高等教育、社会教育）、教育内容・教育課程について語らない。国立市条例は学校教育、社会教育、生涯教育に言及している。差別をなくすための人権教育について、より細分化して具体的な検討を進めなければならない。

第二に、教員研修に特に力を入れている。教師のための多文化教育基礎プログラム（フィンランド）、初等教育教師のための教育訓練（アイルランド）、教員研修「すべての人のためのポルトガル」（ポルトガル）等。さらに、すべての教師のための新カリキュラム、「反セミティズム・人種主義の民主的準備」プログラム（ノルウェー）、生徒と教師のための「生きた歴史フォーラム」（スウェーデン）、教師のための教育プログラム研究開発（スイス）、教師のためのワークショップ「学校における平等と公正への道」（マルタ）、教員研修・経験交流セミナー（チェコ）、教員用教育方法論『人権の統合訓練』『人道法の発見』出版（リトアニア）がある。

教育の充実のためには何よりも教員のための教育課程、教育方法論、教員研修が用意されなければならない。そのためには文部科学省においてヘイト・スピーチ解消法に基づいた検討を行い、教育委員会レベルで各地の状況に応じた施策を具体化しなければならない。

第三に、法執行官（警察、検察、裁判所）への人権教育が重視される。国境警備隊の人権保護訓練（フィンランド）、司法省、内務省、刑事施設職員協会など反差別研修（オーストリア）、国境警備隊予防研修（ポーランド）。さらに司法アカデミー全法領域対象セミナー（チェコ）、司法協会セミナー「人種的動機過激犯罪——裁判所の判決形成」（スロヴァキア）もある。加えて「防衛学校のためのガイドライン」、セミナー「国内マイノリティと人権保護」（チェコ）のように、軍隊における反差別教育の例もある。

法執行官への教育はとりわけ重要である。国際自由権規約に基づく人権委員会等の国際機関から日本政府に対して法執行官に人権教育をするよう勧告が出されてきた。警察、検察、裁判官、出入国管理官、外国人収容センター職員をはじめとする法執行官に人権教育、反差別教育を施すことは緊急の課題であろう。それは主に法務省において取り組まれているが、現場の警察官教育は自治体の任務である。

第四に、移住者支援政策である。政府・自治体の多文化プロジェクト、自治体の移住者「キー役割政策」（アイスランド）、トルコ系住民のためのセミナー（オーストリア）、多文化キャンパス（アイルランド）、移住と文化間対話のための高等委員会（ポルトガル）。さらに外国人嫌悪と不寛容に関する全国協議会（スウェーデン）、「多文化女性カフェ」（リヒテンシュタイン）、セミナー「移住、ディアスポラ（流散）、人種主義」（ギリシア）、市民統合戦略計画（スペイン）がある。

日本政府は移住者政策を持っていない。実際には多くの外国人が労働のために入国・滞在している。いわゆる技能実習生等の名目で滞在している外国人について劣悪な労働環境における人権侵害が報告されている。国際自由権規約に基づく人権委員会や人種差別撤廃委員会からも改善勧告を受けている。移住の実態を認め、移住者の人権を保護する施策を講じる必要があり、そのための教育政策・文化政策が不可欠である。地方自治体においても、流動する外国人の状況（居住、就労、生活等）に対処するのに苦労しているが、今後いっそうの外国人増加が見込まれるので全国的に対処を検討しなければならない。

第五に、差別的出版や放送の規制がなされる。『アイスランドでの第一歩』出版（アイスランド）、プレス自己監視委員会（オーストリア）、放送綱領・広告綱領（アイルランド）、移住者に関する倫理綱領作成委員会『ローマ報告書』（イタリア）等。また寛容と反差別のための出版・放送に力を注いでいる。文化間対話（オーストリア）、「もっと書籍を、もっと自由を」、差別に関するデータベース（イタリア）、多民族雑誌『平等』出版（アルバニア）。さらにスイス・プレス委員会「責任あるジャーナリズムの基準」、ラジオ・テレビ独立不服申立制度（スイス）、「平等の夢――メディアにおける人種主義と闘うネットワーク」、「平等のアンドロメダ――職業差別と闘う行動」（ギリシア）、『文化的アイデンティティと多様性』出版（チェコ）がある。

出版・放送については表現の自由との関係で、日本では「ヘイト本」の自由、ヘイト放送の自由が通用してきた。ヘイト・スピーチ解消法と自治体条例に従って、寛容と反差別のための出版・放送の充実が求められる。国や地方自治体による出版も重要だが、民間における人権と反差別の出版・放送を支援する政策が必要である。

第六に、イベント、美術展、コンサートも重要である。芸術文化アクセス・プログラム（フィンランド）、文化アイルランド、世界文化祭（アイルランド）、文化・宗教戦略的モニタリング（ポーランド）である。さらに欧州文化社会フォーラム、外国人美術家の活動支援実務ガイド（ルクセンブルク）、人権フェスティバル「最初のミモザ」、「偏見に抗するアート」（アルバニア）、青年教育協会「黄、緑、赤」文化間対話プロジェクト（リトアニア）もある。

時あたかも二〇一九年八月、あいちトリエンナーレにおける「表現の不自由展・その後」の展示が政治的理由から中止される事態が生じた。愛知県や名古屋市が主催し、愛知芸術文化センターという公的施設における芸術祭での「検閲」事件は世界を驚かせた。

人権、寛容、反差別、反ヘイト・スピーチのためのイベント、美術展を、慎重かつ丁寧に準備して実施していく必要がある。

第七に、マスメディアやインターネットにおける差別抑止が重要課題である。平等機会局インターネット対策（イタリア）がある。インターネットにおける差別やヘイト・スピーチに対する措置は、人種差別撤廃条約第七条ではなく、条約第四条におけるヘイト・スピーチの抑止（処罰、ヘイト投稿削除）の部分で報告されるため報告例が少ないが、国連人権機関でも欧州評議会でもインターネット対策は重要課題として検討し続けている。

日本でもインターネットにおける差別とヘイト・スピーチは重要課題である。ヘイト・スピーチ解消法採択時の参議院附帯決議にもインターネット対策が明記されている。川崎市条例素案でもインターネット対策に注目がなされている。諸外国の動向を踏まえながら、具体的な方策を案出していかなくてはならない。

なお欧州諸国では、欧州評議会など国際的連携が図られている。ＥＵの欧州平等機会年、「地域言語・マイノリティ言語のための欧州憲章」、欧州評議会「みんな違って、みんな平等」キャンペーンなど。

〈参考文献〉

Ion Diaconu , Racial Discrimination, Eleven International Publishing,2011.

第七章

差別被害者の救済のために

一　問題点

1　ヘイト・スピーチ解消法

ヘイト・スピーチ解消法は「ヘイト・スピーチは許されない」としたが、犯罪化しなかった。二〇一八年八月、国連人種差別撤廃委員会における日本政府報告書審査の際、人種差別撤廃委員たちから、この点について質問が相次いだ。

「ヘイト・スピーチを許さないと言うが、どうやって許さないのか。それが書かれていない。違法化も犯罪化もしないということは、許しているのではないか」

日本政府代表団は答えることができなかった。ヘイト・スピーチを処罰する国際常識からすれば、日本はヘイト・スピーチを許していると受け止められてもやむを得ない。

ヘイト・スピーチの「被害者」の処遇も問われる。ヘイト・スピーチは犯罪とされていないので、ヘイト・スピーチの「被害者」は「犯罪被害者」ではない。だから犯罪被害者補償制度の適用がない。警察や刑事司法を通じての被害者救済は期待できない。それではヘイト・スピーチの「被害者」をどのように救済するのだろうか。これまで具体的に実現してきたのは法務省人権擁護局による人権侵犯事件への対応である。

しかしヘイト・スピーチ解消法には被害者救済への言及がない。

ヘイト・スピーチ解消法にヘイト・スピーチを違法化する明文規定はないが、民法上の不法行為に該当する場合は損害賠償訴訟という救済制度を利用できる。

ヘイト・スピーチ解消法以前に、すでに京都朝鮮学校襲撃事件や水平社博物館差別街宣事件の民事訴訟において、名誉毀損を含む不法行為が認定され、損害賠償命令が出されてきた。

横浜地裁川崎支部は、ヘイト・スピーチ解消法の定義を活用して、ヘイトデモが違法になり得る場合があることを明示し、デモ禁止仮処分決定を下した。あらかじめ予想される場合は対処できるが、予想できない場合には対処できない。

不法行為訴訟や仮処分訴訟という形での被害者救済は可能である。しかし被害者自身が提訴、主張、立証という大きな負担をしなくてはならない。提訴によって被害が拡大することも心配しなくてはならない。不法行為訴訟は重要な手段であるが、決して十分とは言えない。

2　人権条例

各地の人権条例を見ると、ヘイト・スピーチをした者の氏名公表といった措置や、自治体による調査、相談、教育、啓発などの条項が並ぶが、救済への言及はあまり見られない（相談体制の整備について本書第四章参照）。

例外的に国立市条例は人権救済に言及している。国立市条例第九条は「基本方針」を定めることとしているが、そこに「人権救済及び相談支援の体制に関すること」を含めている。さらに国立市条例第一二条は次のように定める。

国立市条例第一二条　市は、地域の実情に応じて、国等の関係行政機関及び市民等と連携し、不当な差別の解消を始めとする人権救済のために必要な措置を講ずるものとする。

2 前項の規定による措置に関し、必要な事項については、第一六条に規定する国立市人権・平和のまちづくり審議会において調査及び審議を行う。

国立市ウェブサイトでは「『国立市人権を尊重し多様性を認め合う平和なまちづくり基本条例』を四月一日に施行します」として条例の趣旨を解説しているが、「条例の特徴」の一つとして「条例の理念を具現化するための『基本方針』を市民と共に定めます。基本方針を審議するなかで、人権救済のための仕組みについても検討を行います」と明記している。

条例施行から間がないためか、それ以上の記載は見られない。審議会を設置して、順次検討していくことになっているので、国立市が人権救済のためのどのような仕組みを作るのか注目される。

川崎市条例素案は「人権侵害を受けた者に対する支援」として「市は、関係機関等と連携し、インターネットを利用した不当な差別その他の人権侵害を受けた者に対する相談の実施その他必要な支援に努める」と述べる。相談に応じるとともに「その他必要な支援に努める」という。

なお、大阪市条例第四条は「次条及び第六条の規定による措置及び公表は、市民等の人権を擁護することを目的として実施されるものであることに鑑み、国による人権侵犯事件に係る救済制度等による救済措置を補完することを旨としつつ、同救済制度等と連携を図りながら実施されなければならない」とする。「措置及び公表」は国による制度の「補完」と位置づけるにすぎないが、「連携を図りつつ」とあるので、救済のための何らかの手がかりにはなるかもしれない。

それでは具体的にどのような措置が予定されているのだろうか。どのような体制が整備されるべきであろうか。

「差別解消三法」とも呼ばれる障害者差別解消法、ヘイト・スピーチ解消法、部落差別解消法を受けて、各地の自治体がどのような施策を推進していくか、その帰趨が注目される。

二　人種差別撤廃条約

ヘイト・スピーチ解消法以前の二〇一五年にNGOの「外国人人権法連絡会」が公表した「人種差別撤廃基本法モデル案」第六条三項は「国及び地方公共団体は、人種差別行為の防止、人種差別行為からの保護及び被害者の救済のための効果的な制度を整備する」と明記し、人種差別撤廃条約第六条を参照した。人種差別撤廃条約第六条は次のように定める。

人種差別撤廃条約第六条　締約国は、自国の管轄の下にあるすべての者に対し、権限のある自国の裁判所及び他の国家機関を通じて、この条約に反して人権及び基本的自由を侵害するあらゆる人種差別の行為に対する効果的な保護及び救済措置を確保し、並びにその差別の結果として被ったあらゆる損害に対し、公正かつ適正な賠償又は救済を当該裁判所に求める権利を確保する。

国連人種差別撤廃委員会は二〇〇〇年三月一四日、「人種差別に対する救済（第六条）に関する一般的勧告第二六号」を採択した。一般的勧告第二六号は次のように述べる。

「委員会の意見によれば、条約第六条が具体化している、人種差別の結果として被ったあらゆる損害に対し公正かつ適正な賠償または救済を求める権利は、人種差別の実行行為者の処罰だけでは必ずしも確保されない。同時に、裁判所および他の権限のある機関は、適切な場合にはつねに、被害者が被った物質的または精神的損害に対して金銭賠償を与えることを考慮するべきである。委員会は、この意見を締約国に通知する。」（村上正直訳）

国連人種差別撤廃委員会は二〇〇四年八月二〇日、「刑事司法制度の運用・機能における人種差別の予防に関する一般的勧告第三一号」を採択し、差別被害者救済の指針を示した（前田朗『増補新版ヘイト・クライム』第四章参照）。

国連人種差別撤廃委員会は二〇一八年八月に行われた日本政府報告書審査の結果、ヘイト・スピーチに関して一〇項目の勧告を出したが、そのうち四項目は被害者救済に関連する（人種差別撤廃NGOネット訳）。

(a) ヘイト・スピーチ解消法を、適切な保護範囲をもつものとし、あらゆる人に対するヘイト・スピーチを対象に含め、民族的マイノリティに属する人に十分な救済を提供することを確保するよう改正すること、

(b) 法的枠組みと被害者の救済へのアクセスを強化するために、ヘイト・スピーチ解消法で対象とされていないヘイト・クライムを含む人種差別の禁止に関する包括的な法律を採

択すること、

(c) 表現と集会の自由に十分に考慮しつつ、集会中に行われるヘイト・スピーチおよび暴力の扇動の使用を禁止すること、ならびに加害者に制裁を科すことを確保すること、

(h) 被害者の民族的出身および民族別に細分化した捜査、訴追および有罪判決に関する統計を次回の定期報告書で提供すること、

それでは実際にどのような救済手段が採用されるべきであろうか。人種差別撤廃条約第六条に従って各国で採用されてきた施策に学ぶ必要がある。

三　欧州7カ国の動向

被害者救済を規定する条約第六条に関する調査・研究は、日本では残念ながら十分なされずに来た。条約第六条に関する国際的な研究を参照する必要がある。

それでは各国の被害者救済制度はどうなっているだろうか。これまでもドイツ、フランス、イギリスなどの一部個別の国の差別禁止法の研究・紹介はなされてきたが、断片的な感を否めない。

そこで以下で紙幅の都合から欧州7カ国の情報を紹介する。資料は前章と同様に、各国政府が人種差別撤廃委員会に提出した報告書である。

被害者救済制度の運用実態や限界については政府報告書よりもＮＧＯ報告書が有益な情報を含むが、今回はそこまで手を伸ばすことができない。制度の紹介を中心とする。

1　スウェーデン

スウェーデン政府が人種差別撤廃委員会に提出した報告書（CERD/C/SWE/19-21. 5 November 2012）によると、ヘイト・スピーチもヘイト・クライムも犯罪とされ、刑事民事両面での救済が図られている。警察はヘイト・クライムに初期段階で対処できるようにヘイト・クライム捜査官を設置している。ストックホルム警察のヘイト・クライム電話班が被害者救済を担当する。検察はヘイト・クライムとの闘いを優先事項とし、ヘイト・クライムの取り扱いに関するガイドラインを作成中である。犯罪防止委員会は二〇〇六年からヘイト・クライム統計をとっている。二〇〇八年のヘイト動機犯罪の認知件数は五八九五件、二〇一〇年は五一三九件である。二〇一一年五月、犯罪防止委員会はヘイト・クライムと闘う司法制度の努力について調査し、警察の基礎訓練にヘイト・クライム研修を位置付け、検察官や新任裁判官にもヘイト・クライム研修が行われるようになった。

二〇〇九年、新差別法が施行された。労働、教育、雇用政策、雇用サービス、商品サービス提供、住居、公開集会、公開行事、健康医療、社会保険、失業保険、就学支援、公務員などの領域における、民族、宗教その他による差別を禁止し、損害賠償を定めている。差別法の運用を監視するのが平等オンブズマンである。平等オンブズマンは同法違反の申立を受理・調査し、法廷において申立人を代理する。二〇〇九年から一一年の申立は七九六〇件であり、二九%が民族差別に関するものであった。職場における民族差別が八八三件、商品サービス提供が四一四件、教育が二五五件である。申立てのうち差別ではないと判断されたのが一三六一件、法による保護がないとされたのが二三八件、労働組合が解決したのが一七三件、裁判所の判決が三二件であった。

二〇〇九年、裁判所事務総局は差別を防止し闘うための措置を公表した。反差別法や、中央政府における多様性に関する労働市場調査戦略に基づいた支援策を練っている。多くの裁判所が多様性政策を作成し、外国出身者の職員採用も可能にした。研修セミナーでは多様性、差別、偏見、イスラム法を学べるようにし、新任裁判官や職員のための研修にも多様性の視点を取り入れた。刑事施設・保護観察局の職員研修に人権、ヘイト・クライム差別、多様性を取り入れた。

2　ベルギー

ベルギー政府が人種差別撤廃委員会に提出した報告書（CERD/C/BEL/16-19. 27 May 2013）によると、人種主義や人種差別に対して刑法を適用してきた。司法管轄ごとに人種主義担当の検察官が指名されている。検事局が二〇〇六年に定めた通達は、人種主義的動機による犯罪を特定する努力を続け、適切な法適用を促進することとしている。平等機会・人種主義と闘う行動センターは二〇〇七年、人種主義暴力に関するセミナーを開き、警察と検察の代表が参加した。二〇一一年、司法省の裁判官、内務省、同センターによって作業部会が設置され、人種主義事件に対処するための議論を行っている。

検事局は人種主義申立事件の統計を公表している。二〇〇六～一一年には五二一五件が捜査対象となった。一〇三三件（〇六年）、九三六件（〇七年）、八九九件（〇八年）、七六七年（一〇年）、七四〇件（一一年）。二七五七件は、犯罪ではないとか、訴追には不十分等の理由で終結した。一二五一件は、犯行者が若年、犯罪歴がない等の理由で終結した。裁判所に係属した事件では三五四件について判決が出て、有罪が二四〇件、猶予が四四件、無罪が五六件であった。

平等機会センターは一九八一年七月三〇日の法律（二〇〇七年五月一〇日修正法）により裁判所の

判決を収集する。一九九五年三月二三日の法律は、第二次大戦時にナチス・ドイツが行ったジェノサイドの否定、矮小化、正当化、容認を犯罪としている。「アウシュヴィッツの嘘」処罰法である（本書五九頁参照）。

平等機会センターの統計によると、一九八一年法によって報告された事件は、九八七件（〇六年）、一六九一件（〇七年）、九八三件（〇八年）、一〇八一件（〇九年）、一二六六件（一〇年）、一三四八件（一一年）である。

平等機会センターは裁判所に事件を送致するだけでなく、被疑者（個人、団体）と対話を行い、司法外の解決をめざしている。裁判所に送致する件数はごく一部である。裁判所に送致したのは七二件であり、二〇件（〇六年）、一三件（〇七年）、一五件（〇八年）、九件（〇九年）、六件（一〇年）、八件（一一年）である。

裁判段階では途中で和解が成立する事件もあり、被害者が刑事手続きの継続を希望しないため判決状況の正確な統計はないが、裁判所が扱った四〇件のうち、人種主義や歴史修正主義で有罪となったのは三二件、証拠不十分等で却下されたのが八件であった。一九人は刑事施設収容（一年以下、あるいは二年以下）、五人は社会奉仕命令（四六時間以上二五〇時間以下）、その他は罰金（一〇〇ユーロ以上二四七八九ユーロ以下）、市民権制限、選挙権停止である。二八件では、被害者に一ユーロ以上七五〇〇ユーロに至る賠償を支払うよう命じられた。

3　ルクセンブルク

ルクセンブルク政府が人種差別撤廃委員会に提出した報告書（CERD/C/LUX/14-17. 29 May 2013）によると、二〇〇八年一二月の受容統合法により受容統合局が設立された。統合達成・差別と闘う五年行動計画（二〇一〇〜二〇一四年）が策定された。受容統合法第三条は、差別と闘うことは受容統合政策の本質的部分であり、人種、民族的出身、宗教・信念、障害、年齢及び性的志向を含む差別と闘う政府機関の行動の法的基礎であるとする。五年計画は欧州統合政策の一一原則に基づいている。五年計画は経済社会委員会が監視する。政府はルクセンブルク語、フランス語、ドイツ語の訓練を提供し、新規外国人移入者の受入れと統合を促進する。二〇〇〇年一一月二八日の法律に従って平等処遇センターが設置された。センターの任務は、差別に関連する公開報告、意見・勧告、研究、情報提供、差別被害者への支援、個人の権利と救済に関する支援である。

二〇一一年九月一三日の大公規定により、外国人に関する国家委員会に外国人代表者を指名し、人種差別に反対する特別常設委員会を設置した。平等処遇センターは人種差別被害者の申立を受理することとし、人種差別撤廃条約第一四条二項の申し立てを受理する。

二〇〇九年以来、統合達成・差別と闘う行動計画があり、社会運動研究所はルクセンブルク多様性憲章を作成した。平等処遇センターは差別反対討論デーを設定し、差別に反対する公開デモを組織する団体を支援する。

受容統合法第二条によると、統合には外国人がホスト社会の生活に継続的に参加する意思を示すための二つの仕組みがある。第一に受容統合契約であり、第二に差別と闘う行動計画である。第一の受容統合契約は、二年間の期間とし、国家と外国人市民が統合のための調整を行う相互約定である。国家は言語訓練、市民としての日常生活の訓練を提供する。第二の行動計画は、横断的統合政策の戦略的調整の手段であり、諸官庁・諸大臣の活動、財政、責任の調和を図る。

人種差別事件の有罪判決は四件（〇五年）、〇件（〇六年）、三件（〇七年）、一件（〇八年）、一件（〇九年）、一件（一〇年）、〇件（一一年）、一件（一二年九月一日まで）である。

4　ポーランド

ポーランド政府が人種差別撤廃委員会に提出した報告書（CERD/C/POL/20-21. 6 August 2013）に

よると、憲法第八〇条は、何人も公的機関によって侵害された自由や権利の保護のために人権擁護者を志願する権利を有するとする。人権擁護者法第一一条二項は、私人の平等取扱いの原則を行使するため人権擁護者が担う任務を定めている。当局が当事者でない事件では、人権擁護者は間接的に行使することができる。雇用差別については労働査察官がいるので、人権擁護者は労働査察官に通報して、必要な任務に当たらせることができる。

平等取扱いについてのEU諸規定の履行に関する法律第一三条一項により、平等取扱い原則の違反を被った者は誰でも補償への権利を有する。平等取扱原則違反には民法が適用される。平等取扱いについてのEU諸規定の履行に関する法律は、差別被害者に有利な立証責任ルールを定める。同法第一四条二項及び三項は、平等取扱原則に違反したと訴える当事者は、現に違反があったことを証明しなければならない。平等取扱原則違反の証拠があれば、訴えられた当事者は当該行為がなかったことを証明しなければならない。

二〇〇八年の労働法改正により、雇用主による平等取扱原則違反を訴える被用者の権利行使は、雇用主による雇用関係の終了の理由とはなりえない。被用者に対する否定的な影響の理由にしてもならない。

司法省人権局は犯罪被害者の支援を担当する。さまざまな犯罪カテゴリーに即して権利に関する文書作成を行う。重大な差別の一部は犯罪とされているので、司法省人権局の任務内である。

ポーランドは人種差別撤廃条約第一四条の個人通報を受け入れる宣言をした。

5 スイス

スイス政府が人種差別撤廃委員会に提出した報告書（CERD/C/CHE/7-9. 13 May 2013）によると、刑法第二六一条bisが人種差別行為を犯罪とし、憲法第八条のもとですべての差別が禁止され、補償が求められていることに加えて、二〇〇七年三月二三日の犯罪被害者救済法が被害者の地位を定めている。①相談センターによる助言と援助、②精神的被害についての賠償と補償、③刑事手続きによる個人の権利の保護、である。刑法第二六一条bisとは別に、レイシズムの煽動（刑法第一七七条）、名誉毀損（刑法第一七四条）、侮辱（刑法第一七三条）、財産損壊（第一四四条）、攻撃的態度（第一二六条）、身体傷害（刑法第一二二条、第一二三条）がある。連邦統計局は二〇〇九年以来、警察犯罪統計をもとに人種主義犯罪の統計を記録しているが、運用が始まったばかりで分析はまだ不十分である。

人種差別被害者は人格の保護（民法第二八条）、不法行為（責任法第四一条）、労働法の諸規定などに基づいて民事訴訟を提起できる。ジェンダー平等に関する連邦法は、職場におけるジェンダーに基づく差別からの保護を定める。連邦外国人法は外国人のための平等機会の保障を定める。二〇〇九年、人種主義と闘う政府部局は『人種差別についての法的ガイド』を出版した。相談センターのリストも掲げられている。二〇一一年、スイス各地で三〇コースの研修を行った。

6　デンマーク

デンマーク政府が人種差別撤廃委員会に提出した報告書（CERD/C/DNK/20-21. 30 October 2013）によると、二〇一二年一一月、責任を有するビジネス行為についての仲裁・不服取扱庁が設立された。デンマークの私企業・公企業、政府、ビジネス協会等による人権侵害を取り扱う独立機関である。これによりデンマークは多国籍企業に関するＯＥＣＤガイドライン違反を取り扱う機関を設置した。申立は誰でもできるし、自分のためにだけではなく第三者のためにも可能である。

二〇〇九年一月、平等処遇庁が設立され、反差別法における差別事案を取り扱う。平等処遇庁は一般的に反差別の意識喚起を行う。平等問題に関する関心と知識を有する諸団体と対話を行い、論じるべき平等処遇問題について市民と最善の情報交換を行う。平等処遇庁が取り扱った人種的民族的出身による差別事件は、二〇〇九年に二二件、一〇年に二六件、一一年に四三件、一二年に一八件である。そのうち九件について申立人に有利な判断を下した。

7　チェコ

チェコ政府が人種差別撤廃委員会に提出した報告書（CERD/C/CZE/10-11. 31 March 2014）によると、反差別法が平等処遇と差別の禁止を定めている。反差別法は国家にも私人にも適用される。差別被害者は裁判所に差別行為の停止や適切な補償を求めることができる。労働査察官、取引査察官、保健省、労働省等に救済を求めることができる。被害者の申立があれば捜査を開始し、罰金を科す権限を有する。損害賠償命令は裁判所だけが有する。

二〇〇九年、ＥＵ法に従ってオンブズマンを設置した。オンブズマンは平等処遇の権利を促進し、差別被害者に援助を提供し、調査、報告、勧告を行う。オンブズマンは差別問題に関する情報提供をし、差別からの保護のガイダンスを行い、差別事件について法的意見を公表する。オンブズマンには拘束力のある判決を出す権限はない。二〇一二年、オンブズマンはＩＱロマ・サービス及び市民人権相談センターという二つのＮＧＯと協力して、サービス、保健、雇用分野における民族差別の調査を行い、差別事件の法手続きにおいてロマが証拠提出することを支援した。

二〇一三年二月までに賃貸住居及びサービス分野で二件の民族差別事件の解決を試みた。一件は訴訟となり、もう一件は取引査察官が担当している。低収入の被害申立人はオンブズマンの同意により法律扶助を受けることができる。オンブズマンは反差別法に基づいて裁判所に意見を表明する。

二〇一二年九月、仲裁法が発効し、紛争解決の新たな選択肢が増えた。仲裁官が両当事者間のコミュニケーションを援助し、仲裁案を提示する。仲裁は特に差別領域で有用であり、職場、学校、保健施設等における長期の人間関係のもとでの差別事件に役立つ。

犯罪被害者が保護を受ける権利を強化している。二〇一一年、刑事訴訟法改正により、犯罪被害者は財産損害に加えて、人種的含意のある犯罪により生じた非物的損害についても補償を請求できる。二〇一一年七月、中央ボヘミアのビホリにおけるロマ住居に対する放火事件で、被害者は非物的損害についても一〇万チェコ・コルナの司法救済を受けた。

報告書の対象期間に裁判所に提訴された反差別法に関する差別事件は一六裁判所に持ち込まれ、二八件であった。一五件は審理中、四件は提訴人による撤回、三件は却下、四件は管轄裁判所へ付託、一件は解決、一件は記録の誤りであった。

四　今後の課題

以上、欧州の7カ国の状況を紹介した。各国の報告書は記載内容に大きなばらつきがある。対象領域についても情報の詳細さの程度についても幅が広い。それぞれの政府報告書のそれ以前の記述や人種差別撤廃委員会からの前回勧告を意識しながら、その都度重点を変えて記載がなされている。このため直接の比較は困難であるが、人種差別撤廃条約第六条に対応した情報が選択されていることでは共通している。まずはこれらの情報からいくつかのポイントを抽出しておこう。なお上記以外にもドイツ、フランス、エストニアなど筆者がこれまでに紹介した諸国の例も含めておく。

第一に、欧州諸国ではヘイト・スピーチを処罰する刑法規定と刑事手続きの運用が整備されてきた。EU議会の枠組み決定によりEU加盟国はすべてヘイト・スピーチを処罰する。刑事司法こそが被害者救済の柱である。ヘイト・スピーチの認定方法や、警察・検察・裁判官の研修も豊かな実例を有している。従って被害者救済は警察段階から具体的に開始される。ここが日本との決定的な相違である。

第二に、差別法・反差別法（スウェーデン、デンマーク、チェコ）、平等取扱いEU法（ポーランド）、受容統合法（ルクセンブルク）、犯罪被害者救済法（スイス）、仲裁法（チェコ）など法的手当てがなされている。

人種差別撤廃委員会は日本政府に対して「包括的な差別禁止法の制定」を繰り返し勧告したが、日本政府は「差別禁止法は必要ない」と反論してきた。日本でも包括的な差別禁止法を制定するべきであるが、それ以前に、多様な法形式が存在することにも注目したい。ヘイト・スピーチ対策についても、カナダやオーストラリアでは刑法だけでなく、人権法という枠組みで対策を講じていることはすでに紹介されてきた。人権法や差別法・反差別法のより具体的で詳細な研究が必要である。

第三に、オンブズマン・平等オンブズマン（スウェーデン、チェコ）、平等機会センター・平等処遇センター（ベルギー、ルクセンブルク）、平等処遇庁（デンマーク）、仲裁・不服取扱庁（デンマーク）など差別事案を担当する専門機関が設置されている。政府レベルに限らず、地方レベルでも担当部局を設置する例がある。ポーランドの人権擁護者という考え方も参考になる。

日本には法務省人権擁護局があり、各地の法務局にも人権擁護担当セクションがあり、担当者は努力を積み重ねてきたが、財政・人員とも決して十分とは言えない。地方自治体においても、形式だけ整えるのではなく実質的に人権救済を担うための体制を整備する必要がある。

第四に、民事訴訟による賠償・損害賠償は一般的であり（スウェーデン、ベルギー、スイス、チェコ）、法律扶助（フランス）、被害者補償法（ドイツ）も見られる。日本でも民法上の不法行為・損害賠償訴訟が活用されてきた。法律扶助や被害者補償に「犯罪被害者」ではないヘイト・スピーチ「被害者」をどのように組み込めるか研究する必要がある。

例えば被害者補償制度で言えば、①現行の犯罪被害者等給金支給法を改正して、ヘイト・スピーチ被害者を対象とするか、②現行法とは別に人権侵害被害者補償制度を設けるか、③国とは別に、地方自治体独自の人権侵害被害者補償制度又はヘイト・スピーチ被害者補償制度を設けるか。いずれにしても財政的裏付けが必要となる。

第五に、被害者支援として言語訓練等（ルクセンブルク）、司法省人権局の支援（ポーランド）、精神的、心理的、性的虐待（DV、子どもに対する暴力）に関する支援（エストニア）、「白い輪」のトラウマ支援（ドイツ）など多様な取り組みがなされている。

日本でも従前は犯罪被害者が放置されていたのを、二〇〇四年の犯罪被害者等基本法をはじめとする諸施策によって犯罪被害者・家族等に対する相談・情報提供、経済的負担の軽減措置、安全確保などの施策が進められるようになった。トラウマなど精神的負担に着目した犯罪被害者支援の市民運動も活動を続けている。これらに学びながら差別被害者、ヘイト・スピーチ被害者支援制度を設計していかなくてはならない。

第六に、研修セミナー・人種主義暴力セミナー（スウェーデン、ベルギー）、受容統合契約（ルクセンブルク）、協力ネットワーク（エストニア）、被害者相談センター・プロジェクト（ドイツ）など研修やキャンペーンが行われている。対象は、①警察・検察など司法職員、②入国管理その他行政職員、③学校教員、④市民、及び⑤被害を受けやすいマイノリティ等、様々である。

人種差別撤廃委員会は日本政府に対して、警察官・検察官・裁判官などに対して人権及び反差別の研修を行うよう繰り返し勧告してきた。法務省においては人権研修が行われてきたし、法学教育や司法修習の内容も改善してきたというが、ヘイト・スピーチに関する日本の研究水準が低いため、人種差別撤廃委員会に報告できないのが実態である。地方自治体レベルでどのような職員研修を行うのか。これも今後の重要課題である。門真市（大阪府）がいち早く二〇一四年に職員研修を実施したが、各地での実施が望まれる。

第七に、統計（スウェーデン、ベルギー、スイス）も重要である。それぞれの国や地域における差別事件やヘイト・スピーチ事件の発生状況の推移を把握し、次の改善策を講じるため、人種差別撤廃委員会は各国に統計をしっかり取るよう勧告してきた。

人種差別撤廃委員会は日本政府に対して実態調査及び統計の重要性を指摘してきた。ヘイト・スピーチに関する実態調査が始まったが、統計レベルでの改善は見られない。ヘイト・スピーチ解消法第四条は「不当な差別的言動の解消に向けた取組に関する施策を実施する」としているので、実態調査は必須である。国立市条例第一一条は「実態調査の実施」を明記している。大阪市条例、神戸市条例、川崎市条例素案は調査について明示していないが、条例の趣旨から言って当然、調査を行うことになるだろう（調査について本書第四章参照）。

人種差別撤廃委員会からの勧告にもかかわらず、統計について日本政府からの応答はない。ヘイト・スピーチ解消法は統計に言及していない。大阪市条例、国立市条例、世田谷区条例、神戸市条例も統計について何も述べていない。とはいえ調査、相談、教育を掲げているのであるから、自治体ごとの統計も重要事項であろう。その際、差別やヘイト・スピーチ関連で、いかなる統計を取るべきか、諸外国の実例の調査・研究が必要である。

あとがき

東京や大阪で白昼堂々と少女のチマ・チョゴリを切り裂き、髪の毛を切る犯罪が多発したのは一九八九年の「パチンコ疑惑騒動」や、一九九四年の「核疑惑騒動」からだった。

私は、被害者の朝鮮学校教員や生徒たちから被害状況を聞き取り、報告書を作成した。そして一九九四年八月、ジュネーヴ（スイス）で開かれた国連人権委員会・人権小委員会に初めて参加して、実態を報告した。

一九九五年に日本政府が人種差別撤廃条約を批准したので、一九九八年以後、人種差別撤廃委員会の審議を傍聴した。「ヘイト・スピーチを処罰するべきだ」という発言が次々と飛び交っていることに驚いた。当時は私も「ヘイト・スピーチは表現の自由にかかわるので処罰できない」と思っていたからだ。

四半世紀の歳月が流れ、私はヘイト・スピーチ規制積極論者となり、差別とヘイトの撤廃のために全国の仲間と取り組みを続けている。本書は、地方自治体で自由と人権擁護に携わる人々の努力の成果に学びながら、次の一歩を目指して執筆した。一人でも多くの自治体職員や市民の手に届くことを願う。

朝鮮大学校法律学科卒業の金星姫（弁護士）、金英功（弁護士）は原稿を読んで貴重な意見を寄せてくれた。

図表を作成してくれた松橋美慧（東京造形大学デザイン学科学生）に感謝する。

今回も最初の読者として原稿整理を手伝ってくれた妻・弓恵に感謝する。

——二〇一九年九月一日

コリアン・ジェノサイド九六周年の日に

前田 朗（Maeda Akira）
1955年、札幌生まれ。中央大学法学部、同大学院法学研究科を経て、現在、東京造形大学教授（専攻：刑事人権論、戦争犯罪論）。朝鮮大学校法律学科講師、日本民主法律家協会理事、日本友和会理事、NGO国際人権活動日本委員会運営委員、救援連絡センター運営委員。

著書に『増補新版ヘイト・クライム』、『ヘイト・スピーチ法 研究序説』、『ヘイト・スピーチ法 研究原論』、『なぜ、いまヘイト・スピーチなのか』［編］、『ヘイト・クライムと植民地主義』［編］、『思想はいまなにを語るべきか』［共著］（以上、三一書房）、『軍隊のない国家』（日本評論社）、『パロディのパロディ―井上ひさし再入門』（耕文社）、『旅する平和学』、『メディアと市民』、『思想の廃墟から』［共著］（以上、彩流社）等。

ウェブサイト：http://www.maeda-akira.net/
E-mail：maeda@zokei.ac.jp

ヘイト・スピーチと地方自治体
―共犯にならないために―

2019年10月25日　第1版 第1刷発行

著　者―― 前田 朗 © 2019年
発行者―― 小番 伊佐夫
装丁組版― Salt Peanuts
印刷製本― 中央精版印刷
発行所―― 株式会社 三一書房
〒101-0051
東京都千代田区神田神保町3－1－6
☎ 03-6268-9714
振替 00190-3-708251
Mail: info@31shobo.com
URL: http://31shobo.com/

ISBN978-4-380-19007-0　C0036　Printed in Japan
乱丁・落丁本はおとりかえいたします。
購入書店名を明記の上、三一書房まで。